성경대탐험

구약 ❺권

여호수아·사사기·룻기

성경이 이끌어 가는 목회지침서

성경 대탐험

구약 5권

여호수아·사사기·룻기

배국순 목사 지음

The Old Testament Joshua·Judges·Ruth

요단
JORDAN PRESS

성경대탐험에 초대합니다!

우리는 성경이 살아계신 창조주 하나님의 감동으로 기록된 하나님 말씀임을 믿습니다. 그리고 이 말씀이 우리 삶을 교훈과 책망과 바르게 함과 의로 교육하여 구원과 영원한 생명으로 인도하심을 믿습니다.

성경대탐험은, 초등학생부터 장년에 이르기까지 모든 성도가 매일 성경을 한 장씩 읽고 문제를 풀고, 말씀을 묵상 적용하는 시간으로 성경 66권 전체를 배우는 과정입니다.

① 한 주간의 분량(다섯 장) 중 1장을 주일 오전 설교를 통해 강해합니다.
② 주일 저녁 또는 오후예배 시간에 남은 네 장을 강해합니다. 그동안 성경을 읽으며 궁금하던 주제들이 하나님 말씀을 통해 이해되고 하나님의 뜻을 발견하게 됩니다.
③ 새벽기도를 통해 하루 한 장씩, 좀 더 깊게 본문을 이해하게 됩니다.
④ 가정예배 또는 개인 QT 교재로 사용하여 문제를 풀고 묵상과 적용과 기도의 시간을 갖도록 합니다.
⑤ 위의 자료를 영상(홈페이지 또는 유튜브)으로 준비 제공하여 모든 성도가 훈련을 공유하고 공동체가 함께 성장하도록 돕습니다.

성경대탐험을 통해 개인의 삶과 가정과 교회 공동체에 말씀이 흥왕하게 되면, 하나님만이 하실 수 있는 크고 놀라운 일들이 부흥이라는 이름으로 분명히 나타날 것입니다(사도행전 6:7).

에스라가 여호와의 말씀을 공부하고 지키며 온 이스라엘에 가르치기로 결심하고(에스라 7:10) 전하자 온 이스라엘이 그 가르침을 준행하기로 맹세하여 새 역사를 맛보았던 것처럼(에스라 10:5), 매일 하나님의 말씀을 한 장씩 읽고 공부하고 실천하면서 가르치기를 결심하는 우리에게도 같은 회복과 축복과 능력이 임할 것입니다.

성경대탐험을 통해 살아계신 하나님을 만나고, 하나님께서 나를 위해 준비하신 보물창고에서 값진 생명의 보화들을 꺼내어 맘껏 누리는 축복을 기대합니다.

배 국 순 목사

• 배국순 성경대탐험 바이블 목회연구원
• 송탄중앙침례교회 원로목사

훈련참여안내

주제성구 • 에스라 7:10

"에스라가 여호와의 율법을 연구하여 준행하며 율례와 규례를 이스라엘에게 가르치기로 결심하였더라."

- ▶ 에스라는 여호와의 율법을 연구(공부)하기로 결심했습니다.
- ▶ 에스라는 여호와의 율법을 준행하기로 결심했습니다.
- ▶ 에스라는 그 율례와 규례를 이스라엘에게 가르치기로 결심했습니다.
- ▶ 온 이스라엘이 가르침을 준행하기로 맹세했습니다(에스라 10:5).

- ▶ 성경대탐험을 시작하는 성도에게 성령님의 가르치심이 있을 것입니다.
- ▶ 성령님을 의지하고 끝까지 포기하지 말고 공부하십시오.
- ▶ 가정예배 또는 개인 QT 교재로 사용하면 더욱 좋을 것입니다.
- ▶ 말씀이 흥왕하여 능력이 더하는 가정과 교회로 주님이 세워 가실 것입니다.

훈련 참여 방법

- ▶ 주일 오전과 저녁(오후) 예배를 통해 한 주간 분량의 말씀을 듣습니다.
- ▶ 새벽기도 참석 또는 영상과 음성으로(PC, 모바일) 다시 말씀을 공부합니다.
- ▶ 한 주간(월~금) 매일 1장씩 다시 성경을 읽고 문제를 풀어보고 적용하고 기도합니다.

*혼자 성경을 공부하기 힘든 분들은 교회 도움을 받을 수 있습니다.

훈련에 임하는 약속

“모든 성경은 하나님의 감동으로 된 것으로 교훈과 책망과 바르게 함과 의로 교육하기에 유익하니 이는 하나님의 사람으로 온전하게 하며 모든 선한 일을 행할 능력을 갖추게 하려 함이라.”

· 디모데후서 3:16-17 ·

나는 성경이 하나님 말씀임을 믿으며 나 자신을 말씀으로 훈련하겠습니다.

- 하나. 나는 매일 성경을 한 장씩 읽겠습니다.
- 하나. 성경을 읽고 문제를 풀고 적용하고 기도 하겠습니다.

주후 20　　년　　월　　일

약속자: ________________ (서명)

Contents

여호수아

Joshua

여호수아 소개

여호수아서 부터 구약 역사서가 시작됩니다.

여호수아서는 하나님이 아브라함에게 주신 언약대로 가나안 정복 역사를 기록하고 있습니다. 모세와 더불어 출애굽 한 이스라엘이 시내 산에서 언약을 맺고 율법과 성막으로 신정국가가 된 백성들이 여호수아와 함께 약속의 땅을 정복했습니다.

가나안 땅 정복은 하나님이 이스라엘을 위해 싸우신 전쟁입니다. 이스라엘에 전쟁의 승리와 가나안 땅을 언약의 선물로 주셨습니다. 하나님은 역사의 주관자이시며 언약의 성취 자이십니다.
430년 종살이했던 애굽에서 구원하시고 40년 동안 광야에서 생활하게 하셨지만, 여호수아와 함께 7년 동안 가나안 땅을 정복한 후에 열두 지파에게 언약의 땅을 분배했습니다.

출애굽기가 구원의 모형이라면, 가나안 정복 전쟁은 그리스도인의 삶에 있어서 성화의 삶을 보여주는 모형입니다.

여호수아서는 다음과 같은 내용으로 구성되었습니다.

1. 가나안 입성	1:1~5:15	건너다
2. 가나안 정복	6:1~12:24	취하다
3. 가나안 분배	13:1~22:34	나누다
4. 여호수아 설교	23:1~24:33	섬기다

"여호와께서 이스라엘 족속에게 말씀하신 선한 말씀이 하나도 남음이 없이 다 응하였더라"(21:45).
하나님은 신실하신 분이십니다. 약속하신 것을, 여호수아를 통하여 모두 성취하셨습니다.

여·호·수·아

1장

본문 소개

눈의 아들 여호수아는 에브라임 지파 사람이며, 그 이름이 모세오경에서 27차례 언급되었습니다.

여호수아는 '모세의 시종'(1:1)으로 시작하여 '여호와의 종'으로 마칩니다(24:29). 하나님께서 여호수아를 제2의 모세, 새로운 지도자, 가나안 정복 인도자로 준비하셨습니다.

1. 여호수아 소명(1:1-4)

이스라엘 미래는 새로운 지도자 여호수아에게 달려있습니다. 하나님은 모세가 죽기 전에 여호수아를 후계자로 임명하셨습니다(신 31:1-8). 이제 하나님께서 여호수아를 모세의 후계자로 인준하시고, 여호수아가 해야 할 사명에 대해 말씀하셨습니다. 모세의 죽음으로 멈춰있던 하나님의 구속 사역이 다시 시작되었습니다. 여호수아가 해야 할 일을 명확하게 지시하셨습니다. 이스라엘을 이끌고 요단강을 건너 하나님이 주실 가나안 땅으로 가야 합니다. 모세에게 약속하셨던 일들이 이제 여호수아를 통해 다시 명령 되었습니다.

2. 여호수아 성공(1:5-9)

여호수아는 하나님이 주신 소명을 감당하기 위해 신명기 언약을 지켜야 합니다. 여호수아가 율법에 순종하면 하나님이 함께 하실 것을 약속하셨습니다.

① 내가 모세와 함께 있던 것같이 너와 함께 있을 것이다.

② 강하고 담대하라. 세 번 권면하셨다(6, 7, 9절).

③ 네 평생에 아무도 너의 앞길을 막지 못할 것이다.

④ 네 길이 평탄하게 될 것이며 네가 형통하리라.

3. 여호수아 명령(1:10-11)

여호수아가 해야 할 첫 번째 사명은 요단강을 건너는 일입니다. 여호수아는 하나님의 명령에 따라 첫 번째 지시를 내렸습니다. 백성의 지도자에게 3일 후에 요단강을 건널 준비를 명령했습니다. 3일 후는 중대한 일이 일어날 것을 예고하는 상징적 의미입니다.

4. 여호수아 확인(1:12-18)

요단 동편 지파 르우벤, 갓, 므낫세 절반 지파는 가나안 땅 정복에 앞장설 것을 약속했습니다(민 32:28-32). 여호수아는 그 약속대로 순종할 것을 요구했으며 요단강 동편 지파는 순종과 충성을 다짐하며 여호수아에게 '강하고 담대하라'고 권면해 주었습니다.

성경 공부

문제❶ 모세 이후, 하나님은 누구에게 무엇을 말씀하십니까? (1:1~2)

문제❷ 여호수아를 통해 무엇을 약속하고 계십니까? (1:3~4)

문제❸ 이스라엘에 대적이 없는 이유는? (1:5~7) (5)

문제❹ 하나님의 약속과 복의 성취를 위해 해야 할 것은? (1:8~9) (8)

문제❺ 백성들은 여호수아에게 어떤 태도를 가졌습니까? (1:17)

오늘의 묵상

하나님은 자신이 하신 약속을 이루시기 위해, 여호수아를 후계자로 세우시고 계획을 이어가십니다. 또한 강하고 담대함도 주실 것을 약속하셨습니다. 그러나 그 복을 소유하기 위해서는 지켜야 할 도리가 있습니다. 그것은 하나님의 말씀을 입에서 떠나지 말게 하고, 주야로 묵상하며 다 지켜 행하는 것입니다.

지도자를 향한 백성들의 태도를 통해서는, 우리도 지도자들을 격려하고 그들에게 좋은 동역자가 되도록 협력해야겠습니다.

오늘의 적용

하나님이 세우신 교회 지도자들에게 좋은 동역자입니까?

오늘의 기도

하나님 말씀에 겸손하게 순종하겠습니다.

여·호·수·아

2장

본문 소개

여리고는 요단강 서쪽 약 22.5km 지점에 있습니다. 여리고는 요새화된 성곽 도시로 가나안 땅으로 들어가는 입구 역할을 했습니다. 여리고 정탐에서 기생 라합 이야기가 핵심입니다. 기생 라합과 그 가족을 통해 가나안 족속이라도 하나님을 믿는 사람들은 하나님의 구원을 받았습니다. 하나님은 기생 라합을 통해 메시아 가문이 이어지게 하셨습니다(마 1:5).

1. 여리고 정탐(2:1-7)

여호수아는 정탐꾼들을 몰래 보냈습니다. 정탐꾼을 통해 가나안 족속이 이스라엘 백성을 크게 두려워하고 있다는 사실을 알게 됩니다. 이 사실은 여호수아와 이스라엘 백성에게 큰 격려가 되었을 것입니다.

여리고 성에 들어간 정탐꾼들은 기생 라합의 집에 머물다가 들키게 되었으나 라합의 보호로 살아날 수 있었습니다.

2. 라합의 믿음(2:8-14)

라합은 행함이 있는 믿음의 사람으로 아브라함과 함께 소개되었습니다(약 2:25). 라합은 하나님이 행하신 소문만 듣고 놀랄만한 신앙 고백을 했습니다.

① 여호와께서 이스라엘에게 가나안 땅을 주셨다(9절).

② 가나안 사람들이 이스라엘로 인해 공포에 빠졌다(9, 11절).

③ 하나님이 이스라엘을 위해 하신 일들을 들었다(10절).

라합은 정탐꾼들과 비밀 언약을 맺었습니다(12~13절). 정탐꾼들도 자신들의 목숨을 걸고 라합 가족의 안전을 약속합니다(14절). 선대(헤세드)는 언약에 근거한 변함없는 사랑을 의미합니다.

3. 밧줄과 붉은 줄(2:15-21)

정탐꾼을 밧줄로 도피시킨 라합은 밧줄을 매달았던 창문에 붉은 줄을 매달았으며 그 집 안에 있는 사람은 다 살았습니다(19절). 출애굽 유월절에도 어린 양의 피를 바른 집 안에 있던 사람들이 다 살았던 것처럼 붉은 줄이 매여 있던 집도 구원이 임했습니다(출 12:22).

4. 정탐꾼 보고(2:22-24)

여리고 근처 산에 3일 동안 숨었다가 돌아온 정탐꾼들은 여호수아에게 보고했습니다. "여호와께서 그 온 땅을 우리 손에 주셨으므로 그 땅의 모든 주민이 우리 앞에서 간담이 녹더이다"(24절). 하나님은 여호수아와 이스라엘 백성보다 앞서서 먼저 역사하고 계셨습니다.

성경 공부

문제❶ 여호수아가 정탐꾼들을 어디로 왜 보냈습니까? (2:1, 9)

문제❷ 정탐꾼들이 만난 여인의 이름과 그 여인이 했던 고백은? (2:1, 11)

문제❸ 라합이 믿음의 용기로 목숨을 건 이유는? (2:12~13)

문제❹ 라합이 보여준 믿음의 행동이 가져온 열매는? (2:14)

문제❺ 여리고를 정탐한 정탐꾼들은 하나님을 어떤 분으로 알았습니까? (2:24)

오늘의 묵상

여리고 정탐꾼들은 가나안 족속이 이스라엘 백성을 두려워하고 있음을 알게 됩니다. 그리고 라합을 만나 보호를 받습니다. 라합은 하나님에 대한 소문만 듣고도 놀랄만한 믿음을 가진 여인이었습니다. 라합은 정탐꾼들과 구원의 언약을 맺습니다. 돌아온 정탐꾼들은 보고합니다.

"여호와께서 그 온 땅을 우리 손에 주셨습니다"

오늘의 적용

나는 하나님을 어떤 분으로 믿고 있습니까?

오늘의 기도

진리와 생명을 선택하는 지혜와 믿음을 주옵소서.

여·호·수·아

3장

본문 소개

<출애굽과 홍해 도하>와 <가나안 정복과 요단강 도하>는 이스라엘 구속사에서 중요한 사건입니다. 홍해를 건넘으로 애굽의 노예 생활을 끝냈으며, 요단강을 건넘으로 광야 방황을 끝내고 가나안 시대를 열었습니다. 요단강을 건너야만 하나님이 약속하신 땅을 밟을 수 있습니다. 요단강 도하는 침례를 보여주는 사건입니다. 침례를 통해 죄에 대해 죽은 자, 하나님께 대해 산자가 되었음을 상징했습니다(롬 6:1-5).

1. 요단강 건널 준비(3:1-8)

"자신을 성결하게 하라 여호와께서 내일 너희 가운데에 기이한 일들을 행하시리라."(5절). 요단강을 건너는 일은 하나님이 행하시는 기적임을 강조했습니다. 백성들은 넘쳐흐르는 요단강을 바라보고 사람의 능력으로 건널 수 없음을 알았습니다. 홍해를 건넌 것과 다른 방법으로 건넜습니다.

① 하나님의 임재 상징이 구름에서 언약궤로 바뀌었습니다.

② 백성은 언약궤 뒤를 약 900m 거리를 두고 따랐습니다.

③ 제사장들이 언약궤를 매고 강에 먼저 들어갔습니다.

제사장들이 먼저 요단강에 들어간 것은 하나님이 앞서가시며 백성들에게 길을 만들어 주시는 것을 뜻합니다.

2. 요단강을 건넘(3:9-17)

"보라, 온 땅의 주의 언약궤가 너희 앞에서 요단을 건너가나니."(11절). 언약궤는 하나님 임재의 상징입니다. "너희가 알리라"(10절) 요단강 도하는 '하나님이 이스라엘 백성과 함께 계심과 하나님이 가나안 백성을 쫓아내실 것을 증거하는' 중요한 사건이었습니다(9~10절).

① 언약궤를 맨 제사장들의 발바닥이 강에 들어서면 강물이 멈출 것입니다.

② 언약궤를 멘 제사장들은 요단강에 서 있어야 합니다(13절).

③ 제사장들이 요단강에 서 있는 동안 요단강물은 한 곳에 쌓일 것입니다. 홍해 도하와 같은 기적이 일어났습니다.

하나님은 이스라엘 백성이 요단강을 마른 땅처럼 가나안 땅으로 걸어서 들어가게 하셨습니다(17절). 이 사건을 통해 여호수아의 지도력을 백성들에게 분명하게 보여주셨습니다(7절).

오늘 우리에게도 그리스도의 복음을 분명하게 가르쳐주고 복음의 강에 언약궤를 메고 서 있는 지도자들이 필요합니다.

성경 공부

문제❶ 백성들은 하나님 명령을 따라 요단강 앞에서 몇 날을 기다립니까? (1:2)

문제❷ 요단강을 건너기 위해 백성들이 따라야 할 것은? (3:3~4)

문제❸ 언약궤를 따라 요단강을 건너기 위해 백성들이 갖추어야 할 것은? (3:5)

문제❹ 요단강 사건을 통해 하나님이 무엇을 보여주십니까? (3:7)

문제❺ 언약궤를 맨 제사장들이 발로 요단강을 밟자 일어난 일은? (3:16~17)

오늘의 묵상

이스라엘 백성들이 과거 홍해 앞에서와는 달리, 가볍게 믿음 없는 행동을 하지 않았습니다. 여호수아를 통해 주실 하나님 말씀을 기다렸고, 말씀을 듣게 되자 자신들을 성결하게 하고 순종하며 하나님의 언약궤를 따랐습니다.

그 결과 요단강을 멈추게 하고 마른 땅처럼 건너 가나안 정복을 향한 첫 걸음을 걸었습니다.

오늘의 적용

하나님께서 성결해지기를 요구하시는 것이 있습니까?

오늘의 기도

주님 말씀을 잘 듣고 깨닫고 분별하며 생활하겠습니다.

여·호·수·아

4장

본문 소개

요단강 도하를 기념하는 기념비를 세웠습니다. 12지파 대표자들이 12개의 돌무더기를 두 곳에 세웠습니다. 하나는 제사장들이 서 있는 요단강 바닥에, 또 하나는 이스라엘 진영 '길갈'에 세웠습니다. 돌무더기 기념비는 이스라엘 후손들에게 하나님의 은혜를 기념하고 기억시키기 위한 표징입니다(6~7절).

우리는 그리스도를 믿고 구원받은 후 침(세)례를 받습니다. 침례는 여호수아가 세운 두 개의 돌 기념비와 같습니다. 구원받은 사람은 그리스도와 함께 죄에 대해 죽은 자, 하나님께 대해 산자가 되었음을 침례로서 기념하고 기억하게 됩니다(벧전 3:20-21).

1. 기념비를 세움(4:1-9)

기념비는 과거에 하나님이 하신 일을 기억함으로 미래에도 도우실 것이라는 믿음과 확신을 가지게 했습니다. 출애굽 후 시내 산에서 12개 돌 기념비를 세웠던 이스라엘은(출 24:4), 요단강 바닥과 길갈에 12개 돌 기념비를 세웠습니다. 우리는 그리스도의 죽음과 부활을 기념하는 돌기둥을 세워야 합니다. 기념비는 침례 의식입니다.

2. 제사장이 있다(4:10-18)

언약궤를 멘 제사장들이 요단강 도하의 중요한 역할자였습니다. 제사장들이 요단강 가운데 서 있는 동안 백성들은 요단강을 마른 땅처럼 속히 건넜습니다. 제사장들이 올라오자 요단강은 다시 넘쳐 흘렀습니다(18절).

요단 동편 지파 4만 명은 여호수아의 명령대로 이스라엘 자손보다 앞서 건넜습니다(1:12~18). 그리고 여호수아 이름이 백성들에게 높임을 받았습니다. 하나님께서 여호수아를 온 백성 앞에서 위대한 지도자로 세웠습니다. 백성들은 모세를 두려워한 것처럼 여호수아를 두려워했습니다. 제2의 모세로 인정받았습니다.

오늘 교회에도 <언약궤를 멘 제사장. 요단 동편 지파들의 헌신과 연합. 여호수아 리더십>이 살아있어야 합니다.

3. 가나안 도착(4:19-24)

첫째 달 10일에 요단강을 건넜습니다. 언약궤를 멘 제사장들이 요단강 문을 열고 닫았습니다. 여호수아는 돌 기념비에 대해 백성들에게 설명했습니다.

요단강 기적은 하나님의 능력을 알게 하는 사건이었으며, 이스라엘 백성으로 하나님을 경외하게 하는 것에 목적이 있었습니다.

성경 공부

문제❶ 요단강을 건너 후 12개의 돌을 취하게 하신 이유는? (4:8)

문제❷ 훗날 후손들이 돌들에 관해 물을 때 알려주라고 하신 것은? (4:6~7)

문제❸ 하나님이 여호수아를 높이시자 백성들은 누구처럼 두려워했습니까? (4:14)

문제❹ 요단강을 건넌 후 여리고 동쪽에 진을 치고 돌 12개를 세운 곳은? (4:19~20)

문제❺ 여호수아는 길갈 기념비를 통해 백성들이 하나님께 어떤 마음을 갖기를 원했습니까? (4:24)

오늘의 묵상

요단강 건너기를 마친 후 강바닥과 길갈에 돌 기념비를 세우고 하나님이 하신 일은 기념합니다. 언약궤를 멘 제사장들은 요단강 도하에 중요한 역할자였습니다. 이 사건으로 하나님은 백성들에게 여호수아를 두려워하도록 그의 지도력을 세워주셨고 하나님을 경외하게 하셨습니다. 드디어 하나님 능력으로 가나안에 들어섰습니다.

오늘의 적용

하나님이 내게 행하신 은혜들을 잊고 있는 것은 없습니까?

오늘의 기도

제게 베푸신 하나님의 구원과 은혜에 감사합니다.

여·호·수·아

5장

본문 소개

'커크 해더웨이'는 "우리는 사람을 교회에 채우는 일에 관심을 줄이고 사람들이 하나님으로 충만해지도록(채우도록) 더 많은 관심을 가져야 한다."라고 했습니다.

요단강을 건넜습니다. 이스라엘은 전쟁을 앞두고 군대를 준비하는 것보다 길갈에 머물면서 할례를 행하고, 유월절을 지키며 하나님을 예배하고 있습니다. 이스라엘이 정결하지 않으면 하나님이 능력을 행하실 수 없기 때문입니다. 할례는 "나는 죽고 그리스도가 사는 것"을 의미합니다. 백성들은 할례를 준비하고 여호수아는 여호와의 군대 장관 앞에 신발을 벗었습니다.

1. 할례(5:1-9)

가나안 족속은 하나님이 행하신 기적으로 인해 낙담했습니다. 이스라엘은 먼저 할례를 행했습니다. 할례를 받은 사람들만이 유월절을 지킬 수 있습니다. 광야에서 태어난 백성들은 할례를 받지 못했습니다.

할례는 "자기를 포기하고 그리스도를 의지하는 믿음"을 상징합니다(빌 3:3. 갈 2:20). 하나님은 할례를 통해 애굽의 수치가 다 떠났다고 선언하셨습니다(9절). 죄와 방황과 하나님께 대한 반역과 부끄러움이 완전히 제거되었다고 말씀하셨습니다. 가나안 정복 전쟁은 거룩한 전쟁이므로 백성들은 정결해야 했습니다.

2. 유월절(5:10-12)

첫째 달 10일에 요단강을 건너고, 14일에 유월절을 지켰습니다(출 12:6). 유월절이 애굽과 이스라엘 백성을 구별한 것처럼, 여호수아의 유월절은 이스라엘과 가나안 백성을 구별했습니다. 유월절 다음 날부터 만나가 그치고 가나안 땅 열매, 새 음식을 먹었습니다. 만나가 그친 것은 광야 생활이 공식적으로 끝났음을 의미합니다.

3. 여호와의 군대 장관(5:13-15)

하나님이 쓰시는 지도자는 발에서 신발을 벗어야 합니다. 신발을 벗는다는 것은 자기를 포기하고 하나님을 의지한다는 뜻입니다. 모세가 신발을 벗었던 것처럼(출 3:5), 가나안 정복 전쟁을 앞두고 여호수아도 하나님의 군대 장관 앞에서 신을 벗었습니다. 이제 여호와의 군대 장관이 여호수아와 함께 싸우실 것입니다. 여호수아가 하나님을 의지하면 하나님이 대신 싸우시고 승리를 주실 것입니다.

이스라엘 백성과 여호수아는 하나님으로 충만해졌습니다.

성경 공부

문제❶ 하나님이 할례를 명하신 이유는? (5:2~7)

문제❷ 할례를 통해 애굽의 수치가 떠났다고 하신 곳은? (5:9)

문제❸ 할례 후 그달 십사일에 여리고 평지에서 지킨 절기는? (5:10)

문제❹ 첫 가나안 땅 소산물을 먹자, 무엇이 그쳤습니까? (5:12)

문제❺ 여호와의 군대 장관이 여호수아에게 한 명령은?

과거 누구에게 했던 명령과 같습니까? (5:15, 참조 출 3장)

오늘의 묵상

요단강을 건너 가나안 땅에 들어온 백성들은 하나님의 명령으로 할례를 행해야 했습니다. 광야에서 태어난 세대는 할례를 받지 않았습니다. 할례를 통해 먼저 하나님 앞에서 정결해야 했기 때문입니다.

유월절을 지키고 그 땅의 열매를 먹자, 만나가 그쳤습니다. 이제 광야 생활이 끝났습니다. 여호수아는 하나님의 군대 장관을 만나고 하나님으로 충만해졌습니다.

오늘의 적용

내 안에 하나님 자리를 차지하고 있는 것과 버려야 할 것은?

오늘의 기도

성령님만 제 안에 충만하길 구합니다.

여·호·수·아

6장

본문 소개

하나님은 여리고 성 전투 계획, 일정, 해야 할 일에 대해 자세하게 지시하셨습니다. 여호수아와 이스라엘 백성이 "성결과 순종"으로 하나님을 따른다면 큰 승리를 얻을 수 있습니다.
여호수아와 백성들은 여리고 성 정복을 통해 신앙의 가장 중요한 <하나님의 소유권>을 배우게 됩니다. 여리고는 <하나님의 소유>로 선언되었습니다. 6장은 여리고 성 정복 지시(1~7절), 여리고 성 공격(8~21절), 뒷이야기(22~27절)로 구성되었습니다.

1. 정복 지시(6:1-7)

하나님께서 약속의 땅을 기업으로 주시는 거룩한 전쟁의 시작입니다. 여리고 성은 무기가 아니라 순종으로 무너졌습니다. 순종이 승리를 가져왔습니다.
하나님은 여리고와 그 왕과 용사를 여호수아와 이스라엘 손에 넘겨주겠다고 말씀하셨습니다(2절). 하나님을 믿고 순종한다면 이미 승리한 전쟁이란 뜻입니다. 하나님의 작전 계획은 성을 매일 한 바퀴씩 도는 행군이었습니다. 성 둘레가 대략 600m 정도였으므로 긴 시간이 걸리지 않았을 것입니다.
행군은 <무장한 호위병–제사장–언약궤–무장한 호위병> 순서로 여호와의 언약궤가 중심에 있었습니다. 처음 6일 동안은 하루에 한 번, 7일째 되는 날에는 제사장이 나팔을 부는 동안 성을 7바퀴 돌면 성이 무너지게 될 것을 말씀하셨습니다.

2. 정복 공격(6:8-21)

여리고 성 정복에 7 숫자가 강조되었습니다. 7 제사장이 7 나팔을 불며 7일 동안 여리고 성을 돌았으며, 7일째에는 7바퀴를 돌았습니다. 7은 완전성을 상징합니다. 이스라엘을 위해 싸우시는 하나님을 보여주고 있습니다.

여호수아와 이스라엘 백성들은 하나님의 지시대로(1~7절) 순종했습니다(8~10절). 큰 소리로 외치자 성은 무너졌습니다(16절).

이스라엘은 여리고를 하나님께 온전히 바쳐야 합니다. 여리고를 여호와의 것으로 선언하셨기 때문입니다.

3. 여리고와 라합(6:22-27)

여리고는 진멸 당했으나 라합은 생존했습니다. 여리고 성을 정복한 후에 여호수아는 여리고 성을 다시 세우는 자를 저주했습니다. 여리고 성은 가나안 정복 첫 승리입니다. 하나님의 승리를 기념하는 기념비였습니다.

성경 공부

문제❶ 여리고 성을 무너뜨리는 방법은? (6:8~20)

문제❷ 여리고 성에서 생명의 구원을 약속받은 가족은? (6:17, 23, 25)

문제❸ 여리고 성에서 취할 수 있는 물건들은 어떻게 해야 합니까? (6:18~19)

문제❹ 여호수아에 대한 소문이 가나안 땅에 퍼진 이유는? (6:27)

오늘의 묵상

이스라엘 백성들의 거룩한 전쟁이 시작됩니다. 여리고 성의 전쟁은 군대나 무기의 전쟁이 아닌 순종의 전쟁입니다. 백성들은 하나님 명령에 철저하게 순종했고 하나님께서 이스라엘을 위해 싸우셨습니다. 성은 무너졌습니다.

여리고 성은 진멸 당했지만 라합과 가족은 생명을 보존 받았습니다. 소문만으로도 하나님을 믿었던 믿음 때문이었습니다.

오늘의 적용

하나님과의 관계에서 왜 순종이 중요한가를 써 보십시오.

오늘의 기도

오늘 말씀을 들으며 제게 명하시는 하나님 뜻에 순종하겠습니다.

여·호·수·아

7장

본문 소개

"여리고를 바쳐라."(6:17-18, 21). 바쳐라 : '하렘', 헌신하다, 저주하다, 파괴하다 라는 뜻입니다. 하나님은 경고하셨습니다. "너희는 온전히 바치고 그 바친 것 중에서 어떤 것이든지 취하여 너희가 이스라엘 진영으로 바치는 것이 되게 하여 고통을 당하게 되지 아니하도록 오직 너희는 그 바친 물건에 손대지 말라."(6:18). 이스라엘은 경고를 무시했고 그 결과 여리고 성보다 작은 아이 성 전투에서 패배하게 됩니다. '아간' 한 사람이 하나님의 소유를 훔쳤기 때문입니다.

1. 아이 성 패배(7:1-5)

하나님께 바친 것을 훔치면 이스라엘이 바친 것이 됩니다. 하렘의 신앙을 아이 성 전투에서 배웠습니다. 하나님은 아간이 범죄 했다고 말씀하지 않으시고 이스라엘이 범죄 했다고 말씀하셨습니다(1절). 아간의 도둑질로 하나님은 이스라엘을 떠나셨고 이스라엘은 패배 했습니다.

2. 여호수아의 기도(7:6-9)

여호수아는 하루 종일 하나님의 궤 앞에서 슬퍼했습니다. 여호수아는 하나님이 이스라엘을 패하게 하셨다는 생각만 했지, 자신들의 죄 때문에 패전했다는 생각은 하지 못했습니다. 원인을 잘못 찾고 있었습니다.

3. 하나님의 응답(7:10-15)

하나님께서 여호수아에게 말씀하셨습니다. "이스라엘이 죄를 지었다. 나와 맺은 언약을 어겼다. 내게 바친 물건을 도둑질했다. 자기 것으로 숨겼다. 그러므로 이스라엘이 패전했다. 이스라엘의 죄를 제거하라."

하나님은 이스라엘이 아이 성 전투에서 패배한 원인이 탐욕의 죄 때문임을 확인해 주셨습니다(12절). 여호수아는 하나님께 바친 물건을 찾아 제거해야 합니다. 불태워야 합니다. 오늘 우리도 하나님께 바칠 물건은 반드시 하나님께 드려야 합니다.

4. 아간의 심판(7:16-26)

여호수아는 제비뽑기를 통해 아간을 찾아내고, 증거물을 확보한 후 율법에 따라 돌로 처형했습니다. "너는 어찌하여 우리를 괴롭게 하느냐? 오늘 주께서 너를 괴롭히실 것이다". 아간과 바친 물건이 제거되었습니다. 아골 골짜기는 괴로움의 골짜기라는 뜻입니다. 우리도 하나님이 값을 지불하고 사신 하나님의 소유입니다. "값으로 산 것이 되었으니 그런즉 너희 몸으로 하나님께 영광을 돌리라"(고전 6:20).

성경 공부

문제❶ 하나님이 진노하신 이유는? (7:1)

문제❷ 아이 성에 대한 정탐꾼들의 보고와 그 결과는? (7:3~5)

문제❸ 아이 성 패배의 원인을 찾아 어떻게 해야 합니까? (7:10~15)

문제❹ 아간이 여리고에서 훔친 물건은? (7:21)

문제❺ 아간을 죽이고 그 위에 돌로 쌓은 곳을 어떻게 불렀습니까? (7:26)

오늘의 묵상

여리고와는 비교할 수 없이 작은 아이 성의 전쟁에서 이스라엘은 패합니다. 여호수아는 하나님이 패배하게 하셨다고 슬퍼했지만, 원인을 잘못 찾은 것입니다. 그리고 하나님은 그 죄를 아간의 죄가 아닌 이스라엘의 죄라고 부르십니다.

실패의 원인을 찾아내야 합니다. 이것이 떠나신 하나님이 돌아오시는 방법입니다. 이제 여호수아는 실패의 원인을 완전히 제거합니다.

오늘의 적용

하나님에게서 멀어지게 만드는 죄들을 적어봅시다. 이제 어떻게 하겠습니까?

오늘의 기도

하나님이 미워하시는, 아직 해결하지 않은 제 안에 있는 죄를 고백합니다.

여·호·수·아

8장

본문 소개

여리고에서 진멸 당할 라합과 가족은 구원받았지만, 아이 성에서 아간과 가족은 멸망 당했습니다. 아이 성 전투에서 백성들은 하나님의 주권, 소유권에 대해 두 가지 중요한 교훈을 배웠습니다. 하나님께 바친 것에 대한 헤렘 신앙과 한 사람의 죄가 공동체의 죄라는 사실입니다. 아간의 죄를 제거하신 후 하나님께서 아이 성 전투 작전을 명령하셨습니다. 이스라엘은 하나님 없이 전쟁할 때 어떤 결과가 되는지를 배웠습니다.

1. 하나님의 지시(8:1-2)

하나님은 '모든 백성이 다 올라가라'라고 명령하시고 승리를 약속하셨으며, 전쟁의 전리품은 백성이 갖도록 허락하셨습니다. 하나님이 원하시는 것을 먼저 하나님께 바치면 하나님은 더 좋은 것을 주시는 분이십니다.

2. 두 번째 기회(8:3-9)

하나님은 이스라엘 실패를 이용하셔서 "유인–매복" 작전으로 아이 성 전투를 승리로 이끄셨습니다. 수치였던 이스라엘 패배가 도리어 새로운 기회가 되었습니다. 하나님은 실패를 도구로 사용하십니다.

3만 명의 군대가 성 뒤에 매복하고, 5천 명의 군대가 서쪽에 매복했습니다.

3. 아이 성 정복(8:10-29)

1만 2천 명의 아이 성을 정복하기 위해 이스라엘 3만 군대가 동원된 것은 벧엘 성 때문입니다. 아이 성은 벧엘의 주변성이었으며 여호수아가 유인했을 때 "아이와 벧엘에 있는 모든 백성"(17절)이 여호수아 군대를 추격한 것으로 설명하고 있습니다. 벧엘이 중심도시였고 아이는 주변성이었을 것입니다. 여호수아는 단창(26절)을 들어 아이 성 전쟁을 모세처럼 승리로 이끌었습니다(출 17:8~12절).

4. 언약 갱신(8:30-35)

이스라엘은 에발 산에서 언약을 갱신합니다. 여호수아는 모세의 명령대로 순종하여 에발 산에 제단을 쌓았습니다(신 27장). 번제와 화목제를 드린 후 율법을 돌에 기록하고 6 지파는 에발 산에, 6 지파는 그리심 산에 서서 율법을 들으며 모든 축복과 저주의 말씀을 들었습니다. 아이 성 패전과 승리에서 이스라엘 백성은 순종과 불순종의 결과를 몸으로 배웠습니다. 오늘도 순종하는 자들이 축복의 길을 걸어갈 수 있습니다.

성경 공부

문제❶ 하나님께서 여호수아에게 아이 성 전투를 명하시며 약속하신 것은? (8:1)

문제❷ 여리고와 달리 아이 성 전투에서 백성들에게 허락하신 것은? (8:2)

문제❸ 여호수아가 아이 성을 차지한 후 제일 먼저 행한 일은? (8:30)

문제❹ 이스라엘 백성이 에발 산에서 하나님께 드린 제사는? (8:31)

문제❺ 모든 백성이 그리심 산과 에발 산에 나누어 선 의미는? (8:32~35)

오늘의 묵상

아이 성과의 두 번째 전쟁에 대해, 모든 백성이 올라가라고 하나님은 명령하십니다. 이 싸움이 아이 성만이 아닌 벧엘의 적들도 있었기 때문입니다. 이번 전쟁에는 하나님이 함께하셨습니다. 그리고 이 전쟁에서의 전리품을 백성들이 취하게 하십니다. 하나님은 좋은 것을 백성들에게 주실 계획을 갖고 계십니다.

승리 후 여호수아와 백성들은 언약을 갱신합니다. 백성들은 축복과 저주의 말씀을 들었고, 순종과 불순종의 결과를 몸으로 배웠습니다.

오늘의 적용

축복과 저주의 결과는 순종과 불순종에 달려있습니다. 순종과 불순종에 관해 내가 경험했던 것이 있다면?

오늘의 기도

오늘 말씀에서 내게 순종하라고 명령하시는 것에 순종하겠습니다.

여·호·수·아

9장

본문 소개

에발 산 제단을 통해 율법이 가나안 땅에서 처음 선포되었습니다. 이스라엘이 아이 성에서 패전했다는 소식을 듣고 9장에서 가나안 여섯 왕이 연합군을 결성하고, 10장에서 가나안 남쪽 다섯 왕이 대항하고, 11장에서는 북쪽 지역 연합군이 집결되면서 전쟁이 가나안 전 지역으로 확대되었습니다.

그러나 기브온 족속은 전쟁보다 살길을 선택했습니다.

1. 두 가지 반응(9:1-4)

가나안 족속이 이스라엘에 대항하기 위해 연합군을 일으키는 동안 기브온 족속은 어떻게 살 수 있을까를 고민합니다. 기생 라합과 기브온 족속은 하나님이 이미 저주를 선언했어도 하나님을 믿기만 하면 구원을 받을 수 있음을 증거하고 있습니다. 가나안 족속들도 라합과 기브온 족속처럼 하나님을 믿었다면 구원을 얻었을 것입니다. 그러나 가나안 여섯 족속은 뜻을 모아 전쟁을 준비했습니다.

2. 생존을 위한 거짓(9:3-15)

가나안 족속들은 하나님이 행하신 일들을 듣고 또 들었습니다(1, 3, 9, 10, 24절).

기브온 족속은 듣고 생존을 위해 거짓말을 꾸밉니다. 기브온 족속은 히위 족속이며(7절) 반드시 제거해야 할 민족이었습니다. 기브온 족속은 여호수아를 찾아와 먼 곳에서 왔으며, 여호와의 명성을 듣고 찾아왔다고 했습니다(9절). 그들은 평화조약을 원했습니다. 라합의 고백과 기브온의 고백은 같았습니다. 완벽하게 속은 이스라엘은 기브온과 언약을 맺었습니다(15절).

3. 성전의 노예(9:16-27)

기브온과 조약을 맺은 후 3일 만에 속았다는 것을 알았습니다. 이미 평화 보호조약을 맺었기에 취소할 수 없습니다. 이스라엘 백성들이 지도자들을 원망했습니다(18절). 기브온 사람들을 건드린다면 하나님의 진노가 이스라엘에게 임할 것을 알았기 때문입니다(20절).

이스라엘은 기브온을 저주하여 하나님의 성전을 위해 나무 패고 물 긷는 종으로 삼았습니다(21, 23, 27절). 저주받은 족속을 저주로 해결했습니다. 저주받은 기브온을 가장 거룩한 곳에서 살게 하신 것이 하나님의 자비입니다. 여호수아의 실수를 책망하시기보다 이스라엘의 실수를 선으로 바꾸셨습니다.

성경 공부

문제❶ 기브온 주민들은 살기 위해 어떻게 여호수아를 속였습니까? (9:4~6)

문제❷ 기브온 주민들의 꾀에 속게 된 이유는? (9:14)

문제❸ 여호수아가 히위 사람들과 맺은 조약의 내용은? (9:15)

문제❹ 이스라엘이 히위 족속들의 성읍을 공격하지 못한 이유는? (9:17~20)

문제❺ 기브온 주민들을 어떻게 처리했습니까? (9:21)

오늘의 묵상

간담이 녹았던 가나안 부족들이 이스라엘의 아이 성에서의 한 번의 패배를 보고 희망을 품었을 수도 있습니다. 그래서 가나안의 여섯 왕이 연합하면서 전선이 확대됩니다.

반대로 기브온 족속은 거짓을 꾸며 이스라엘과 조약을 맺고 생명을 보존받습니다. 기브온을 진멸할 수는 없었지만 저주하여 종으로 삼습니다.

오늘의 적용

기브온이 생명의 길을 선택한 것을 보면서 하나님 자녀인 내가 선택해야 할 것을 써 봅시다.

오늘의 기도

생명의 길인 하나님과 말씀만을 선택하며 살겠습니다.

여·호·수·아

10장

본문 소개

10장은 가나안 남쪽 지역 정복 이야기를 담았습니다. 기브온 족속으로 인해 가나안 남부 연합군이 결성되었고, 기브온 족속으로 인해 이스라엘은 큰 승리를 얻게 됩니다. 남쪽 전쟁(10장)과 북쪽 전쟁(11장)은 모두 가나안 부족이 먼저 연합군을 모아 이스라엘을 대적하다가 하나님의 개입으로 전쟁에 패배하는 이야기로 끝납니다. 가나안 연합군 우두머리는 예루살렘 왕 아도니세덱이며 태양과 달이 멈추는 기적이 일어났습니다.

1. 아모리 족속의 공격(10:1-5)

기브온이 이스라엘과 조약을 맺었다는 소문을 듣고 예루살렘 왕 아도니세덱을 비롯, 아모리 다섯 왕은 연합군을 만들었습니다. 반역자가 된 기브온 족속을 치러 올라왔다가 여호수아에게 패배합니다.

2. 여호수아의 공격(10:6-8)

기브온은 즉시 평화 보호조약을 맺은 여호수아에게 도움을 청합니다. 이스라엘은 조약의 실효성을 인정하고 기브온의 요청에 응답했습니다. 기브온으로 인해 이스라엘은 큰 승리를 얻었습니다.

여호수아가 즉시 군대를 이끌고 길갈에서 출발하자 하나님께서 이스라엘에 전쟁 승리에 대한 약속을 주셨습니다.

3. 하나님이 전쟁에 참여하심(10:9-43)

하나님이 이스라엘에 큰 승리를 주셨습니다. 이스라엘의 실수와 기브온 족속으로 인해 일어난 전쟁이었지만 하나님께서 큰 승리로 만들어 주셨습니다. 하나님은 이스라엘의 실수에도 은혜의 기회를 주셨습니다.

① 이스라엘이 기습 공격하자 승리를 주셨습니다(10절).

② 이스라엘 군대는 30km 거리를 추격하고 따라갔습니다.

③ 하나님도 따라가시며 우박으로 싸우셨습니다(11절).

④ 하나님이 여호수아의 기도를 들으시고 태양과 달을 멈추셨습니다(12~14절). 이 같은 날은 전에도 없었고 후에도 없었다고 증언하고 있습니다. 태양과 달이 어떻게 멈췄는가는 아무도 알 수 없습니다. 중요한 것은 여호수아가 기도했고 하나님이 응답하심으로 하나님이 이스라엘을 위해 싸우셨다는 것이 중요합니다.

⑤ 패배한 아모리 연합군의 다섯 명의 왕을 처형한 후에 계속해서 일곱 개의 성읍을 정복했습니다(28~43절). '온 이스라엘'이란 단어가 7차례 강조됩니다. 공동체의 하나 됨이 승리의 비결이었습니다.

성경 공부

문제❶ 아모리 족속 다섯 왕이 기브온을 공격하려고 한 이유는? (10:1~5)

문제❷ 기브온의 구원 요청에 여호수아는 어떻게 행동했습니까? (10:6~7)

문제❸ 기브온을 돕기 위해 가는 여호수아에게 여호와께서 주신 말씀은? (10:8)

문제❹ 아모리 연합군과의 전쟁에서 승리할 수 있었던 요인은? (10:10)

문제❺ 여호수아가 아모리인들을 이기기 위해 여호와께 아뢴 내용과 결과는? (10:12~14)

오늘의 묵상

기브온을 괘씸하게 여겨 남쪽 연합군이 결성됩니다. 두려움을 느낀 기브온은 여호수아에게 도움을 요청하고, 돕기 위해 떠나는 여호수아에게 이스라엘의 승리를 하나님께서 약속해 주십니다. 하나님께서 이 전쟁에 함께하셨고 승리를 주셨습니다. 태양과 달이 멈추는 전무후무한 일도 일어났습니다.

오늘의 적용

하나님만 하실 수 있는 문제가 있습니까? 어떤 것들입니까?

오늘의 기도

주님, 말씀으로 약속해 주신 것을 저에게도 허락해 주옵소서.

여·호·수·아

11장

본문 소개

북쪽 지역 연합군 총사령관은 하솔 왕 '야빈'입니다. 전쟁을 통해 이스라엘은 점점 전쟁에 능한 자가 되었습니다. 하나님이 승리를 허락하신 전쟁에서 이스라엘은 언제나 승리를 얻었습니다. 하나님이 이스라엘과 함께 싸우셨기 때문입니다.

1. 정복 전쟁(11:1-15)

하솔 왕 야빈이 연합군을 모았습니다. 많은 군대와 말과 병거가 메롬 물가에 모였습니다.

전쟁이 시작되기 전에 하나님이 승리를 약속하셨습니다. "내일 이맘때에 내가 그들을 이스라엘 앞에 넘겨주어 몰살시키리니" 하나님은 가나안 정복 전쟁 중에 계속 승리를 약속하셨습니다. 여리고, 아이성, 남부 전투에서 약속하셨습니다. 북부 전투는 특별합니다. "내일 이맘때에" 하나님은 시간도 정해주셨습니다.

① 여호수아는 다시 기습공격으로 승리를 얻었습니다(7절).

② 북부 연합군을 전멸시켰습니다(8절).

③ 하나님 명령대로 말 뒷발의 힘줄을 끊고 병거를 태웠습니다.

④ 여호수아는 가장 큰 성 하솔만 불태웠습니다(13절).

⑤ 여호수아는 하나님의 모든 명령을 다 순종했습니다(15절).

2. 정복 지역(11:16-23)

10:28-43엔 정복한 남쪽 지역 지명을 기록하고 본문은 가나안 땅 전체에서 점령한 지역을 설명했습니다. 여호수아는 가나안 정복 영웅으로 하나님께 순종한 지도자였습니다(15, 23절). 순종이 제자의 영성입니다.

① 여호수아가 온 땅을 점령하였습니다(16절).

② 여호수아가 가나안 왕들을 모두 죽였습니다(17절).

③ 여호수아는 오랫동안 전쟁을 수행했습니다(18절).

④ 여호수아가 아낙 자손과 성읍을 하나님께 바쳤습니다(21절).

⑤ 여호수아가 정복한 땅을 각 지파에게 분배했습니다(23절).

하나님께서 가나안 족속에게 회개할 기회를 주셨으나 거부하고 하나님을 대적하다가 멸망 당했습니다(19~20절). 그러나 기회를 찾은 기브온 족속과 라합은 구원을 받았습니다(19절).

가나안 전쟁이 끝나는 것처럼 보이지만 가사와 가드, 아스돗은 정복하지 못했습니다(22절). 이제 가나안 정복 전쟁은 막을 내립니다(23절). 여호수아는 정복한 땅을 기업으로 분배했습니다.

성경 공부

문제❶ 하솔 왕과 함께한 가나안 북부 연합군들의 규모는? (11:4)

문제❷ 적의 말 뒷발의 힘줄을 끊고 병거를 불사르라고 하신 이유는? (11:6~9)

문제❸ 이스라엘의 가나안 정복에서 살아남은 족속은? (11:19~20)

문제❹ 여호수아가 가나안 여러 산지에서 진멸한 족속은? (11:21)

문제❺ 여호수아가 가나안 정복 전쟁을 마치고 한 일은? (11:23)

오늘의 묵상

큰 규모의 연합군이 이스라엘을 대적하려고 모였습니다. 그러나 하나님은 시간까지 정하시고 이스라엘 손에 그들을 주시겠다고 약속하십니다. 하나님 명령에 철저히 순종한 여호수아에게 전쟁의 승리를 선물로 주셨습니다.

라합과 기브온처럼 스스로 하나님께 순종했다면 살 수 있었을 것을 가나안 족속들은 하나님을 대적하다가 멸망 당했습니다.

오늘의 적용

하나님의 모든 명령을 순종한 여호수아(15절)에게서 받을 교훈은?

오늘의 기도

하나님 뜻에 불순종하는 것을 발견하고 순종하도록 다스려 주옵소서.

여·호·수·아

12장

본문 소개

여호수아는 11:16-23에서 이스라엘이 정복한 가나안 땅 목록을 정리했습니다. 12장에서는 여호수아가 정복한 성읍과 왕들의 목록이 제시되었습니다. 헤스본 왕 시혼과 바산 왕 옥의 이름만 언급하고 다른 왕들의 이름은 밝히지 않았습니다. 여호수아를 통해 하나님께서는 가나안 중부, 남부, 북부 전쟁을 승리로 이끌어주셨습니다. 여호수아와 이스라엘이 순종할 때 하나님이 모든 전쟁에서 완벽한 승리를 주셨습니다.

1. 요단 동편 지역 왕들(12:1-6)

이스라엘이 요단강을 건너기 전 정복한 왕들의 명단입니다(민 21:21-35). 헤스본 왕 시혼과 바산 왕 옥을 이긴 승리를 통해 가나안 족속은 큰 두려움에 빠졌습니다. 여호수아는 모세가 정복한 승리에 빚지고 있었습니다. 전쟁 승리에 대한 소문을 듣고 사람들이 두려움에 떨었기 때문입니다. 모세는 르우벤, 갓, 므낫세 절반 지파에게 이 지역을 기업으로 주었습니다(6절).

2. 요단 서편 지역 왕들(12:7-24)

이스라엘이 요단강 서쪽에서 정복한 31명의 왕과 성읍 이름을 밝혔습니다.

요단 동편이 모세가 정복한 지역이라면 요단 서편은 여호수아가 정복한 지역입니다. 여호수아가 정복한 6 족속과 6 지역입니다(8절). 가나안 여섯 족속이 정복해야 할 대상이었습니다.

본문에 기록된 31개 성읍과 왕 중에, 16 성읍과 왕은 여호수아 6-11장에 이미 나열한 성읍 목록입니다. 여리고, 아이, 예루살렘으로부터 시작하여 10:40-41, 11:16-17, 12:7-8까지 언급함으로써 이스라엘 정복이 광범위한 것임을 보여주었습니다.

3. 내가 정복해야 할 왕들.

가나안 정복은 구원받은 그리스도인 개인의 삶에서도 반복되는 거룩한 전쟁입니다. 거룩한 전쟁의 적들은 <세상. 죄. 사탄>의 세력으로 하나님을 사랑하고 순종하지 못하게 만드는 마음의 죄들입니다.

① 마 15:15-20. 입에서 나오는 것과 입으로 들어가는 것
장로들의 전통에 대해 주님께서 입에서 나오는 것은 마음에서 나오는 것으로 악한 생각, 살인, 간음, 음란, 도둑질, 거짓 증언과 비방이 사람을 더럽게 한다고 하셨습니다.

② 갈 5:19-24. 육체의 일과 성령의 열매
육체의 일이 우리 안에 있습니다. 음행, 더러운 것, 호색, 우상숭배, 주술, 원수 맺는 것, 분쟁, 시기, 분 냄, 당 짓는 것, 분열함과 이단, 투기, 술 취함, 방탕함을 버려야 합니다.

성경 공부

문제❶ 이스라엘 백성들이 요단 동편에서 점령한 지역의 범위는? (12:1)

문제❷ 요단 동편에서 첫 번째로 점령한 지역과 다스리던 왕은? (12:2~3)

문제❸ 여호수아와 이스라엘 자손이 점령한 가나안 땅의 경계는? (12:7~8)

문제❹ 요단강을 건너 첫 번째로 점령한 서편 지역의 땅은? (12:9)

문제❺ 이스라엘 자손이 점령한 지역의 왕은 모두 몇 명입니까? (12:7~24)

오늘의 묵상

요단 동편의 승리는 이전에 모세와 이스라엘 자손이 정복한 땅입니다(6절). 서편 지역은 여호수아와 이스라엘 자손이 차지한 땅입니다(7절). 하나님께서 이스라엘 백성에게 주신 땅과 왕들의 이름을 보면 정복 전쟁이 광범위했음을 알 수 있습니다.

오늘의 적용

내 삶의 영적 전쟁에서 정복해야 할 것들은?

오늘의 기도

자주 넘어지는 죄에 지지 않도록 주님을 온전히 의지하겠습니다.

여·호·수·아

13장

본문 소개

여호수아에게 주신 사명은 두 가지였습니다. 가나안 땅 정복과 분배입니다. 여호수아는 1~12장에서 첫 번째 사명을 성취하고 이제 13~21장에서 두 번째 사명을 시작합니다.

13장부터 나오는 수많은 지명과 성읍 이름은 정복과 분배에 대한 여호수아의 철저한 순종을 보여주는 증거물입니다. 여호수아는 군대 장관에서 최고 행정가로 변신합니다. 전쟁 이야기에서 토지 이야기로 전환되었습니다. 가나안 땅 정복은 절반의 사명이었습니다. 이제 땅을 각 지파의 기업으로 분배해야 합니다.

1. 땅 분배 지시(13:1-7)

여호수아가 나이 많아 늙었을 때 땅 분배에 대한 지시를 받았습니다. 여호수아가 죽을 때 나이가 110세였고(24:29) 가나안 정복 지도자로 요단강을 건넜을 때 대략 60~70세로 추정한다면, 땅을 분배할 때 나이는 정복 시작 후 대략 20년이 지났다고 짐작할 수 있습니다.

정복하지 못한 가나안 땅은 아직 많이 남아있습니다. 남쪽 지역(2~3절), 북쪽(4~6절) 모두 남은 지역을 지적하셨습니다.

2. 요단 동편 땅 분배(13:8-33)

요단 동편 땅은 모세가 이미 분배를 마쳤습니다. 요단 동편 땅부터 약속의 땅이 시작되고 있으므로 동편 땅부터 설명했습니다.

① 요단강 동편 땅 소개(13:8~13). 모세가 시작한 과업을 여호수아가 완성하고 있습니다. 정복한 땅과 정복하지 못한 땅의 목록을 함께 묶어 자세하게 기록했습니다.

② 레위 지파의 기업(13:14, 33). 레위 지파는 땅을 기업으로 받지 않았습니다. 하나님께 바치는 제물이 기업이었습니다. 레위 사람들은 이스라엘 장자로 하나님의 특별한 소유가 되었습니다.

③ 르우벤 지파의 기업(13:15~23). 르우벤 지파가 차지한 12개 성읍 이름을 나열했습니다. 중요한 도시들만 언급했습니다.

④ 갓 지파의 기업(13:24~28). 갓 지파에 대한 설명은 르우벤 지파보다 더 간단합니다. 설명의 분량이 계속 줄고 있습니다.

⑤ 므낫세 절반 지파의 기업(13:29~33). 가장 짧게 기록되었습니다. 바산은 기름진 땅입니다. 숲과 평야로 구성되어 목축에 이상적인 땅으로 므낫세 자손 중 마길 자손이 차지했습니다(31절). 마길은 요셉의 손자, 므낫세의 아들이었습니다.

성경 공부

문제❶ 땅을 분배받은 아홉 지파의 이름을 기록해 보십시오. (13:1~7)

문제❷ 이 땅은 하나님께서 처음 누구에게 약속하신 땅입니까?

문제❸ 요단 동편 땅에서 쫓아내지 못한 족속은? (13:13)

문제❹ 요단 동편 땅을 기업으로 받은 지파는? (13:8)

오늘의 묵상

하나님은 여호수아에게 땅 분배를 지시하십니다. 정복하지 못한 땅도 있다고 지적하십니다. 그리고 각 지파에게 주신 성읍들을 소개하고 있습니다.

레위 지파는 땅을 분배받지 않았지만, 백성들이 하나님께 바친 것을 기업으로 받아 양식이 되게 하셨습니다. 약속의 땅을 차지한 것은 하나님께 순종한 결과물입니다.

오늘의 적용

하나님께 순종한 내 삶의 결과물들은 무엇이 있습니까?

오늘의 기도

저의 기업 되시는 하나님께 오늘도 철저하게 순종하겠습니다.

여·호·수·아

14장

본문 소개

요단 서편 땅 분배를 14~19장에 기록했습니다. '가나안땅'이란 단어를 처음 사용했습니다(1절). 이스라엘 백성은 출애굽 후 시내 산에서 율법과 성막을 통해 하나님의 언약 백성이 되고 이제 가나안 땅을 정복하고 분배함으로 하나님이 통치하시는 신정국가로 세워졌습니다. 땅이 있어야 국가가 있습니다.

1. 요단 서편 땅 분배(14:1-5)

여호수아는 민수기 34:16-29 말씀대로 아론의 아들 엘르아살 제사장과 각 지파 지도자와 함께 땅 분배를 실행했습니다. 여호수아는 모든 일에서 하나님 말씀에 순종하여 실천했습니다. 제사장이 땅 분배에 참여하는 것은 땅 분배도 하나님의 거룩한 일이기 때문입니다.

요단 서편 땅을 분배하는 방법은 '제비뽑기'였습니다. 제비뽑기는 하나님의 통제와 지시 없이는 시행할 수 없습니다.

레위 자손은 여러 지파에게서 성읍과 가축을 기를 수 있는 목초지를 얻었습니다(4절). 레위 지파 대신 요셉의 두 아들이 두 지파가 되어 이스라엘은 12지파가 되어 기업을 받았습니다.

2. 갈렙과 헤브론(14:6-15)

85세가 된 갈렙이 여호수아를 찾아왔습니다. 가나안 정복 시작 후 5년 후 일입니다.

갈렙은 여호수아와 함께 가나안 땅을 정탐했던 유다 지파 대표였습니다. 40일 정탐 반역 사건으로 모든 백성이 하나님의 진노를 당했으나 여호수아와 갈렙만 가나안 땅에 들어가는 것을 특별히 허락받았습니다(민 14:6-9). 갈렙은 하나님께 충성된 사람이었습니다. 하나님이 약속하신 기업을 위해 도전하고 있습니다.

① 갈렙의 나이 40세. 가나안 정탐 사건을 회상합니다(7~9절).

② 갈렙의 나이 85세. 하나님이 나를 생존하게 하셨음을 고백하며 아직도 전쟁할 수 있음을 주장했습니다.

③ 갈렙은 하나님의 약속을 믿고 기다려 왔습니다.

④ 갈렙은 아낙 자손의 땅 헤브론을 요구합니다. 헤브론의 옛 이름은 기럇아르바(아르바의 성읍) 이며, 아낙 사람 중 가장 위대한 인물이었습니다(15절). 아낙 자손의 영웅을 이스라엘 영웅이 정복하고 자기 기업으로 삼았습니다.

갈렙의 열정과 믿음, 충성됨과 도전 의식을 본받아야 합니다.

성경 공부

문제❶ 가나안 땅을 누가 어떤 방법으로 분배하였습니까? (14:1, 2)

문제❷ 레위 지파 기업에 대해 전과 다른 내용은? (14:4)

문제❸ 갈렙이 하나님께 기업을 약속받은 이유는? (14:7~9)

문제❹ 45년 전 갈렙과의 약속은 어떤 약속입니까? (14:6~12, 신 1:36)

문제❺ 갈렙이 요구한 헤브론은 어떤 땅입니까? (14:12~15)

오늘의 묵상

요단 서편 땅 분배에 제사장도 참여시키십니다. 땅 분배도 하나님의 거룩한 일이기 때문입니다. '제비뽑기'는 하나님이 주관하신다는 의미입니다.
갈렙은 45년 전 약속을 상기하며, 여호수아에게 헤브론 땅을 요구하고 그 땅을 정복하여 차지합니다. 갈렙도 하나님을 향한 믿음과 열정과 용기와 충성심을 가진 사람입니다.

오늘의 적용

갈렙 처럼 차지하고 싶은 영적 소망은 무엇이며, 약속을 위해 내가 할 것은?

오늘의 기도

제비뽑기처럼 하나님이 제 삶 모든 것에 간섭하여 주옵소서.

여·호·수·아

15장

본문 소개

유다 지파 기업을 먼저 설명했습니다. 이스라엘 12지파 중 가장 큰 지파였기에 유다 지파가 받은 기업에 대해 성경은 상세하고 구체적으로 설명하고 있습니다. 이스라엘의 가장 유력한 지파인 유다는 가나안 남쪽 지역을 차지했습니다.

1. 유다 지파의 땅(15:1-12)

유다의 남쪽 경계선은 사해 남쪽에서 지중해로 이어지고, 동쪽 경계선은 요단강입니다. 북쪽 경계선이 자세하게 기록되었습니다. 요단강 끝 사해에서 시작하여 지중해로 이어집니다(5-11절).

2. 갈렙의 정복(15:13-19)

본문은 14:6-15의 내용을 다시 확대 설명하고 있습니다. 여호수아가 갈렙에게 헤브론을 준 것은 여호수아가 임의로 결정한 것이 아니라 철저하게 하나님의 명령에 순종한 것이었습니다(13절).

갈렙은 헤브론 정복 전쟁을 통해 세새, 아히만, 달매 등 아낙의 세 지도자를 쫓아냈습니다. 그들은 과거 이스라엘 정탐꾼들을 두렵게 만들었던 족속입니다(민 13:22). 갈렙은 45년 만에 그들을 자신의 '밥'으로 만들었고 자신의 신앙을 증명했습니다.

갈렙은 기럇 세벨(책의 도시)로 알려진 드빌까지 정복했습니다(15~16절). 드빌 정복은 자신의 딸 악사를 아내로 주는 조건으로 조카 옷니엘을 통해 정복했습니다. 갈렙의 딸 악사도 아버지에게 축복의 선물을 구하는 열정을 보였습니다(18~19절).

하나님 나라는 침략하는 자들의 것입니다. 하나님이 주실 기업과 복을 얻기 위해 충성됨과 믿음으로 도전하는 사람들이 하나님께 더 많은 유산을 기업으로 얻을 수 있습니다.

3. 유다 성읍들(15:20-63)

유다가 기업으로 받은 성읍의 명단입니다. ① 남쪽 지역(21~32절). ② 세 그룹으로 된 서쪽 지역(33~44절). ③ 세 블레셋 도시(45~47절). ④ 다섯 그룹의 산악지대(48~60절). ⑤ 광야 지역(61~62절)입니다.

유다가 받은 성읍은 모두 115개로 이중 절반이 성경 다른 곳에서 언급되지 않고 있습니다. 유다 지파가 차지한 성읍은 광범위하고 길고 자세하게 기록되었습니다. 또한 유다 성읍 중 9개는 시므온 지파에 포함되었습니다(19:2-9). 시므온 지파가 유다 영토 안에서 기업을 받았기 때문입니다.

성경 공부

문제❶ 유다 지파의 땅 남쪽 경계는 어디까지입니까? (15:1~4)

문제❷ 유다 지파는 넓은 땅을 어떻게 얻었습니까? (15:1)

문제❸ 유다 지파의 땅 북쪽 경계는 어디까지입니까? (15:5~11)

문제❹ 갈렙이 자기가 차지할 땅 정복에 동참시킨 사람은? (15:17)

문제❺ 유다 자손들이 예루살렘에서 쫓아내지 못한 족속은? (15:63)

오늘의 **묵상**

유다 지파가 차지한 땅에 대해 비교적 자세하게 기록하고 있습니다. 유다 지파는 이스라엘 중 가장 유력한 지파였습니다.
갈렙의 정복을 다시 언급합니다. 이는 갈렙에게 특권을 준 것보다는, 이미 약속된 것을 하나님 명령에 순종함으로 받은 것입니다. 믿음으로 충성스러운 사람들이 하나님께 더 많은 기업을 얻습니다.

오늘의 **적용**

하나님께서 나에게도 기업을 주신다면 무엇 때문입니까?

오늘의 **기도**

제 삶의 기업은 하나님뿐이십니다. 매일 이것을 고백하며 살겠습니다.

여·호·수·아

16장

본문 소개

유다 지파와 요셉 지파는 이스라엘의 중심적인 지파입니다. 야곱은 요셉에게 가장 긴 축복을 했습니다(창 49:22-26). '요셉은 무성한 가지 곧 샘 곁의 무성한 가지라.' 중부 가나안 땅의 풍요롭고 비옥한 땅을 기업으로 받았습니다.

요셉 지파 기업은 성읍 이름이 기록되지 않았으며 16~17장에서 기업의 땅을 기록으로 남겼습니다.

1. 요셉 지파 기업(16:1-4)

요셉 지파는 므낫세와 에브라임 지파입니다. 므낫세 지파 절반은 이미 요단강 동편에서 기업을 받았습니다. 요셉 자손이 얻은 땅의 남쪽 경계선은 여리고와 요단에서 시작하여 벧엘에 이르고 서쪽으로 뻗어 나가 지중해까지 비옥한 땅을 기업으로 받았습니다.

2. 에브라임 지파의 기업(16:5-10)

므낫세가 요셉의 장자였음에도 불구하고 에브라임이 먼저 언급되는 것은 야곱이 에브라임에게 더 큰 복을 내렸기 때문입니다(창 48장).

에브라임 지파의 땅은 요셉 지파 기업의 땅 중 가나안 지역 중심부에 위치합니다. 에브라임 지파도 유다처럼 게셀 거주민들을 쫓아내지 못했습니다(10절). 여호수아가 게셀의 왕과 군대와 싸워 이미 진멸시켰지만(10:33) 에브라임 지파가 게셀을 완전히 정복하기보다 종살이를 시켰을 것으로 추정합니다.
하나님은 가나안 거주민을 진멸시키라고 명령하셨습니다(신 20:16-18). 그러나 북쪽에서 가장 유력한 지파였던 에브라임과 남쪽에서 가장 유력한 유다 지파는 하나님 말씀 순종에 실패했습니다. 가장 큰 영향력을 가진 두 지파가 똑같이 불순종했습니다.

캠벨은, 게셀의 실패에 대해 이렇게 쓰고 있습니다.
"물질주의적 태도에 자극받은 그들은 추가적인 부를 얻기 위해 게셀의 가나안 족속들에게 공물을 바치도록 했다. 그것은 후에 사사기 시대에 치명적 실수임이 증명되었고, 가나안 족속들이 일어나 이스라엘 백성을 노예로 삼았을 때 처지가 거꾸로 역전되었다. 신자가 자신이 범하는 죄를 관용하고 변명하다가 결국 어느 날, 그 죄악이 자기를 지배하고 영적인 패배로 내모는 무서운 처지에 처하게 되는 것을 말한다. 죄는 확고하고 가혹할 정도로 다루어야 한다." (켐벨, BKC, 360)

성경 공부

문제❶ 1절에서 요셉 자손이란 누구를 가리키는 것입니까? (16:4)

문제❷ 요셉 자손과 관련지어 무엇을 설명하고 있습니까? (16:1~4)

문제❸ 요셉 지파를 통해 누구의 축복이 성취되는 것을 봅니까? (창 49:26)

문제❹ 에브라임이 먼저 땅을 분배받은 이유는? (창 48:12~22)

문제❺ 에브라임 지파가 범한 불순종은? (16:10)

오늘의 묵상

요셉 지파인 므낫세와 에브라임 지파의 기업을 소개합니다. 므낫세 지파 절반은 이미 동편에 땅을 받았습니다. 므낫세가 장자였지만 에브라임이 먼저 언급되는 이유는, 야곱이 에브라임에게 장자의 축복을 했기 때문입니다.

하나님의 뜻은 가나안 땅 거주민의 진멸이었지만 이스라엘은 자기들의 유익을 위해 남겨두게 되고, 훗날 그 족속들에 의해 사사 시대에 이스라엘이 도리어 공물을 바치는 역전의 수치를 맛보게 됩니다.

이것이 하나님께서 죄를 가혹하리만큼 처리하시는 이유입니다.

오늘의 적용

내 안에 가혹하리만큼 철저하게 처리해야 할 죄는 무엇입니까?

오늘의 기도

죄를 가볍게 여기지 않겠습니다. 절대 죄와 타협하지 않겠습니다.

여·호·수·아

17장

본문 소개

17장은 서쪽 므낫세 반 지파의 영토 경계선을 소개하고, 에브라임과 므낫세 절반 지파가 여호수아에게 땅을 요구한 사건을 기록했습니다. 요셉 지파가 보여준 안일한 자기만족과 불평과 이기주의가 이스라엘을 떠나지 않았습니다. 죄는 언제나 기회가 되면 다시 악한 본성을 드러내고 있습니다.

1. 므낫세 절반 기업(17:1-13)

요셉의 장자 므낫세 후손들에 대한 설명이 더 긴 이유는 므낫세 지파에 속한 사람들의 특별한 이야기가 포함되었기 때문입니다.

므낫세의 유일한 아들 마길이 길르앗을 낳았고 길르앗의 여섯 아들 중 헤벨은 슬로브핫을 낳았는데 슬로브핫에겐 아들이 없고 딸만 있었습니다(민 26:33). 유산은 남자들에게 주는 것이기에 슬르브핫은 유산을 잃을 위기에 처했습니다. 슬로브핫 딸들은 모세에게 찾아가 호소하고, 하나님은 아들 없이 죽은 자들의 유산에 대해 새로운 규례를 말씀하셨습니다(민 27:1-11).

이제 슬로브핫의 딸들은 여호수아를 찾아와 하나님 말씀을 상기시키며 땅을 달라고 요청합니다(4절). 여호수아는 하나님 말씀에 순종하여 그들에게 기업을 주었습니다(5절).

므낫세 지파가 받은 땅의 목록이 7-13절에 기록되었습니다. 므낫세 지파도 성읍들을 다 쫓아내지 않고 가나안 원주민들이 종으로 삼았습니다(13절). 가나안 땅 유산을 받은 지파가 가나안 사람을 쫓아내지 못했다는 실패를 세 번째 기록했습니다.

2. 요셉 지파의 불평(17:14-18)

요셉의 자손이 유산에 대한 불만으로 여호수아를 찾아왔습니다. 여호수아를 찾아와 기업의 땅을 요구한 사건이 벌써 네 번째입니다. 갈렙과 악사, 슬로브핫의 딸들 그리고 요셉 지파입니다. 처음 세 이야기는 하나님의 약속대로 땅을 달라고 찾아온 사건이었으나 요셉 지파는 개인적 욕심 때문에 찾아온 민망한 사건이었습니다.

여호수아는 요셉 자손들에게 그들에게 주신 에브라임 산지가 좁다면 산간지대를 개척하라고 충고했습니다(15절). 그들은 그 땅도 좁고 가나안 부족은 철 병거를 갖고 있어 어렵다고 다시 변명했습니다(16절). 여호수아는 '큰 민족 큰 권능'을 가졌다면 하나님을 의지하고 정복하라고 책망했습니다.

성경 공부

문제❶ 므낫세 지파 절반이 요단 동편에 분배받은 곳은? (17:1)

문제❷ 므낫세 지파의 불신앙 내용은? (17:12~13)

문제❸ 가나안 족속을 쫓아내지 않은 표면적 이유는? (17:16)

문제❹ 요셉 지파가 여호수아에게 불평한 내용은? (17:14)

문제❺ 요셉 지파 불평에 여호수아는 어떻게 대응합니까? (17:15)

오늘의 묵상

과거 모세를 찾아왔던 슬로브핫의 딸들의 후손이 이번에는 여호수아를 찾아와 기업을 요구합니다. 여호수아는 하나님 말씀에 순종하여 그들에게 기업을 줍니다. 그리고 요셉 지파의 요구를 기록하고 있습니다. 갈렙이나 슬로브핫 딸들의 요구는 하나님의 약속에 근거한 것이지만, 이번 요청은 불평에서 나온 것입니다. 노력 없이 욕심 때문에 더 많은 땅을 요구하는 그들에게 여호수아는 친히 정복하여 차지하라고 책망합니다.

오늘의 적용

요즘 지나치게(믿음 없이) 욕심을 부리는 것이 있다면?

오늘의 기도

욕심 때문에 불평하거나 욕심이 지나쳐 범죄 하지 않도록 하겠습니다.

여·호·수·아

18장

본문 소개

유다 지파와 요셉 지파 – 에브라임과 므낫세 절반 지파의 땅 분배는 길갈에서 진행되었습니다. 나머지 7 지파의 땅 분배는 실로에서 실행에 옮겼습니다. 실로는 에브라임 지파에 속한 지역이며 하나님의 궤가 머물렀던 곳입니다(삼상 3:3).

7 지파의 땅 분배가 18~19장에서 설명되었습니다.

1. 레위 제사장(18:1-8)

이스라엘은 실로에 하나님의 성막을 세웠습니다(1절). 여호수아는 실로에서 아직 기업의 땅을 분배받지 못한 7 지파를 모았습니다. 여호수아는 7 지파를 위해 토지 조사단을 만들었습니다. 각 지파마다 세 사람을 세워 나머지 땅에 대한 지도를 그려오게 하고 그 땅을 일곱 조각으로 나누어 제비 뽑아 나눠주는 계획을 세웠습니다.

어떤 사람들은 적극적으로 하나님의 기업 유산을 구하고, 어떤 사람들은 욕심에 빠져 투덜거리고, 어떤 사람들은 전혀 관심이 없어 보입니다. "너희가 어느 때까지 지체하겠느냐?" 일곱 지파가 얻을 땅의 면적은 전체 땅의 1/3정도 입니다. 유다가 1/3, 요셉 지파가 1/3을 차지했습니다. 어쩌면 7 지파가 지체한 이유가 세 지파와 비교해서 실망했기 때문인지도 모릅니다.

2. 베냐민 지파 기업(18:11-28)

7 지파 중 베냐민 지파를 가장 길게 기록했습니다. 베냐민 지파의 땅이 남쪽으로는 유다 지파, 북쪽으로는 에브라임 지파와 붙어있었습니다.

3. 우리에게 기업은 복잡하고 세부적인 성읍과 지명의 목록은 하나님은 약속에 신실하신 분이시며, 하나님은 약속하신 것을 능히 주실 수 있는 전능하신 분이심을 보여주고 있습니다.

구약의 이스라엘 백성들에게 지명 목록은 즐거운 유산 목록이지만 오늘 신약을 사는 우리에겐 어떤 의미일까요?

우리에겐 그리스도께서 유업이 되십니다. “너희는 하나님으로부터 나서 그리스도 예수 안에 있고 예수는 하나님으로부터 나와서 우리에게 지혜와 의로움과 거룩함과 구원함이 되셨으니 기록된 바 자랑하는 자는 주 안에서 자랑하라 함과 같게 하려 함이라“(고전 1:30-31)

그리스도는 그리스도인의 삶에 필요한 모든 지혜와 능력이 되십니다. 그리스도가 생명이시며 우리에게 주신 약속의 기업입니다. 우리는 그리스도로 사는 사람들입니다.

성경 공부

문제❶ 새롭게 성막이 세워진 곳은? (18:1)

문제❷ 아직 기업을 분배받지 못한 지파는 몇 지파입니까? (18:2)

문제❸ 아직 기업을 차지하지 못한 지파들의 문제는 무엇입니까? (18:3)

문제❹ 일곱 지파의 분배를 위해 대표들을 뽑아 맡긴 임무는? (18:4)

문제❺ 여호수아는 땅을 분배할 때 어떤 방법을 사용했습니까? (18:10)

오늘의 묵상

일곱 지파에 대한 땅 분배가 기록됩니다. 누군가는 적극적으로 기업을 구하고, 어떤 지파는 불평하고 또 어떤 지파는 게을렀습니다. 앞서 요단 강 동편을 요구해서 차지한 지파와 달리, 비교와 실망 때문으로 기업을 차지하는 중대한 일에 머뭇거리고 불평을 한 것 같습니다.

오늘의 적용

불평과 비교 때문에 하나님 약속을 놓치고 있지는 않습니까?

오늘의 기도

하나님 주신 것에 감사하며 비교하거나 불평하게 않겠습니다.

여·호·수·아

19장

본문 소개

하나님께서 가나안 땅을 기업으로 주신 것은 세 가지 이유 때문입니다. ① 아브라함에게 주신 언약의 성취였습니다. ② 땅의 주인은 하나님이십니다. ③ 이스라엘이 계속 약속의 땅을 차지하려면 하나님과 올바른 관계를 맺어야만 합니다. 하나님을 사랑하고 모든 율법에 순종하는 백성이 되어야 합니다.

가나안 땅은 안식의 땅입니다(1:13, 15). 신약의 성도들에게 가나안 땅은 주님과 동행하는 안식의 삶을 의미합니다.

1. 시므온 지파(19:1-9)

시므온 지파 기업은 유다 지파 영토 안에서 받았습니다. "유다 자손의 몫이 크기 때문"이라고 했습니다(9절). 9개 유다 성읍이 시므온의 기업이 됩니다. 시므온 지파의 숫자는 22,200명으로(민 26장) 다른 지파의 절반에도 미치지 못합니다. 야곱이 시므온과 레위를 저주했으며(창 49:5-7) 시므온 지파는 가장 작은 지파가 되었습니다.

2. 스불론 지파(19:10-16)

스불론은 가나안 북쪽 지역에 정착한 다섯 지파 중 처음 소개되었습니다. 스불론 지파가 받은 성읍은 12개(15절), 가나안 사람을 내쫓지 못했습니다.

3. 잇사갈 지파(19:17-23)

잇사갈은 갈릴리 지역을 차지한 작은 지파입니다. 주요 전쟁터였던 이스르엘과 다볼 산을 포함하여 16개의 성읍을 유산으로 받았습니다(22절). 에브라임과 잇사갈, 스불론 땅은 나중에 사마리아가 되었습니다.

4. 아셀 지파(19:24-31)

아셀 지파는 해안지대로 22개 성읍을 유업으로 받았습니다(창 49:20. 신 33:24-27).

5. 납달리 지파(19:32-39)

납달리는 숲과 기름진 땅이 있는 갈릴리 중심부를 받았습니다. 견고한 성읍이었습니다.

6. 단 지파(19:40-48)

마지막으로 단 지파가 받았습니다. 유다 지파 등 남쪽 지파 근처의 땅을 상속했습니다. 단 지파는 유산으로 받은 땅을 차지하지 못했습니다. 유산을 포기하고 가나안 땅 최 북쪽 레셈을 정복하고 거주하게 되었습니다.

7. 여호수아 기업(19:49-50)

이스라엘 백성이 여호수아에게 기업의 땅을 주었습니다. 언약의 땅을 개인이 유산으로 받았습니다. 충성된 사람에게 특별대우를 하셨습니다.

결론(19:51)

전쟁도 끝나고 땅 분배도 끝났습니다.

성경 공부

문제❶ 시므온 지파는 어느 자손의 기업 중에서 분배를 받았습니까? (19:1)

문제❷ 시므온 지파의 기업을 유다 자손의 기업 중에서 받은 이유는? (19:9)

문제❸ 스불론 지파가 기업으로 받은 성읍은 몇 개입니까? (19:15)

문제❹ 레셈과 싸워 기업의 경계를 확장 시킨 지파는? (19:47)

문제❺ 이스라엘이 여호수아에게 준 기업은 어디입니까? (19:50)

오늘의 묵상

남은 지파들의 땅 분배를 제비 뽑아 나누어 줍니다. 그리고 땅을 분배받은 이스라엘 백성들이 자기들의 지도자 여호수아에게 자기들 몫의 기업을 나누어줍니다. 하나님은 충성된 여호수아를 이렇게 대우해 주셨습니다.

정복 전쟁은 끝났고 기업을 나누는 일도 마쳤습니다.

오늘의 적용

하나님은 약속을 이루시는 분이심을 무엇으로 고백하시겠습니까?

오늘의 기도

늘 하나님 뜻 안에 거하며 주님과 친밀한 교제를 갖겠습니다.

여·호·수·아

20장

본문 소개

이스라엘 12지파 땅 분배 유산이 모두 끝났습니다. 이제 남은 과업은 도피성을 세우는 일(20장)과 레위 지파가 거주할 성읍을 지정해 주는 일입니다(21장). 도피성은 레위 지파가 받은 48개 성읍 중 6개를 지정해서 만들었습니다. 도피성은 실수로 사람을 죽인 살인자를 위해 하나님의 자비와 정의를 실현하는 장소였습니다. 그리스도는 우리의 도피성 이십니다.

1. 도피성 규례(20:1-3)

민수기 35:9-29에 도피성 규례를 자세히 설명했습니다. 요단강 동쪽에 세 개, 서쪽에 세 개 등 총 여섯 개 도피성을 지정하셨습니다.

도피성 성읍은 이스라엘 각 지파가 받은 성읍 중에서 내놓아야 합니다. 도피성이 공동체에 속한 사람들을 위한 피난처이기 때문입니다.

도피성은 실수로 사람을 죽였을 때 피난처를 제공하지만, 사람을 죽인 죄에 대해서는 반드시 속죄를 해야만 했습니다.

2. 도피자 규례(20:4-6)

실수로 사람을 죽인 사람(3절), 미워함이 없이 살인한 사람(5절)이 복수의 대상이 되었습니다. 복수를 사회정의로 인식하는 사회에서 복수는 또 다른 복수를 가져오는 악순환이 공동체에 큰 피해를 가져왔습니다. 도피성 규례는 피의 보복을 끊기 위해 제정된 규례입니다. 살인자가 도피성 장로들에게 상황을 설명하고 허락을 받아야만 도피성에 머물 수 있습니다. 그는 대제사장이 죽을 때까지 머물러야 합니다. 그 후 고향으로 돌아가 가족들과 함께 살 수 있습니다. 대제사장이 죽을 때까지 머물게 한 것은 대제사장이 속죄 제도를 대표하는 직분이었기에 그의 죽음이 살인자의 죄를 대속하는 것으로 풀이했습니다. 대제사장은 그리스도의 모형입니다.

3. 도피성 장소(20:7-9)

여섯 개의 도피성 이름을 기록했습니다. 게데스. 세겜. 헤브론. 베셀. 길르앗 라못. 바산 골란, 이 여섯 성읍은 레위 사람들의 소유였습니다. 유대인 전통에 의하면 도피성으로 가는 길은 매우 잘 정비되어 있으며, 교차로에는 '도피하라, 도피하라'고 쓰인 표지판이 갖추어져 있고, 길을 따라 교통수단도 배치되어 있습니다. 이스라엘 어느 곳에서든 하루 안에 도피 성에 도착할 수 있도록 하셨습니다. 이방인들에게도 같은 혜택을 주셨습니다.

성경 공부

문제❶ 어떤 사람이 도피성으로 피할 수 있었습니까? (20:3)

문제❷ 도피성을 찾은 사람이 성안으로 들어가기 위해 해야 할 것은? (20:4)

문제❸ 도피성 안으로 피한 사람은 어떻게 되었습니까? (20:5)

문제❹ 여섯 개의 도피성 이름을 써 봅시다. (20:7-8)

오늘의 묵상

기업분배를 마치고 하나님께서 명령하신 도피성을 세우게 됩니다. 이를 위해 자기들이 분배받은 땅 중에서 도피성을 위해 기꺼이 드렸습니다. 도피성은 실수로 사람 목숨을 해한 사람을, 피의 보복 자에게서 보호하는 제도였습니다. 이는 자칫 이어질 피의 보복을 끊기 위함입니다. 도피성이나 도피성을 관장하는 대제사장은 그리스도의 모형입니다.

오늘의 적용

나는 도피성 되시는 예수님께 속해 있습니까? 도피성 이신 예수님께 안내할 사람이 있다면?

오늘의 기도

주님이 저의 도피성 되심을 고백합니다. 늘 주님 안에 거하겠습니다.

여·호·수·아

21장

본문 소개

하나님이 레위 지파의 유산이 되셨습니다(13:14, 33). 레위 지파는 이스라엘 각 지파에 흩어져 살면서 율법을 가르치고 종교 공동체를 세우는 '지파 목회자'들입니다(신 33:10).

레위인들이 이스라엘 전 지역에 분산됨으로 이스라엘을 거룩하게 했습니다. 레위인들은 이스라엘 백성을 율법으로 섬겼으며 이스라엘 백성은 레위인들의 모든 필요를 채웠습니다.

1. 레위인들의 성읍(21:1-8)

실로에서 레위 지파 성읍을 분배했습니다. 48개 성읍의 분배는 레위의 세 아들, 그핫, 게르손, 므라리 가문에 따라 분배되었습니다(민 35:1-8).

목초지가 딸린 이 성읍들은 가나안 땅의 완전한 정복을 예상하며 분배되었고 그 일부는 솔로몬 시대가 되어서야 레위인의 소유가 되었습니다. 레위인들의 성읍은 각 지파에서 선정되었으나 균등하게 배치된 것은 아니었습니다. 이스라엘은 레위인들의 거주로 인해 모든 우상숭배로부터 영적 보호를 제공받았습니다.

2. 레위인들의 목초지(21:9-42)

이스라엘 12지파는 평균 4개 성읍을 내놓아 48개 성읍과 목초지를 레위 사람에게 주었습니다. 납달리 지파가 3개 성읍을 내놓았는데 유다와 시므온이 9개를 내놓았습니다(13~16절, 32절).

① 21:9-19. 시므온 1개(11). 유다 8개(13~16). 베냐민 4개(17~18)

② 21:20-26. 에브라임 4개(21~22). 단 4개(23~24). 동쪽 므낫세 2개(25).

③ 21:27-33. 서쪽 므낫세 2개(27). 잇사갈 4개(28~29). 아셀 4개(30~31) 납달리 3개(32).

④ 21:34-42. 스불론 4개(34~35). 르우벤 4개(36~37). 갓 4개(38~39).

레위인들의 성읍과 목초지 분배를 41~42절에 요약했습니다. 이스라엘 백성들은 모세의 율법에 정통한 레위인을 곁에 두고 그들을 통해 종교, 가정, 공동체에 대한 가르침을 받을 수 있었습니다. 하나님은 레위인들을 통해 이스라엘 백성이 삶의 모든 영역에서 하나님 말씀을 순종하도록 제도화하셨습니다.

3. 땅 분배를 마침(21:43-45)

13장에서 시작된 땅 분배 기록이 끝났습니다. 이스라엘 조상에게 약속하신 온 땅을 이제 이스라엘에 다 주셨습니다. 이스라엘을 향한 하나님의 말씀과 언약과 약속이 남김없이 다 성취되었습니다.

성경 공부

문제❶ 레위 사람들이 자신들의 성읍을 요구한 곳은? (21:2)

문제❷ 므라리 자손들이 기업으로 얻은 성읍은 몇 개입니까? (21:7)

문제❸ 레위 자손 그핫 가족에 속한 자손들로 첫 번째로 제비 뽑힌 자손은? (21:10)

문제❹ 제사장 아론 자손의 성읍은 모두 몇 개입니까? (21:13~19)

문제❺ 레위 사람이 얻은 성읍은 모두 몇 개입니까? (21:41~42)

오늘의 묵상

이스라엘 백성들 안에 흩어져 살면서 율법을 가르치고 신앙공동체를 세우는 책임을 질 레위인들이 성읍을 분배받았습니다. 48개 성읍은 레위의 세 아들, 그핫, 게르손, 므라리 가문에 따라 분배되었고(민 35:1-8), 지파별로 내놓은 땅을 소개하고 있습니다. 하나님은 레위인들을 백성들 사이에 흩어놓으셔서 모든 영역에서 하나님 말씀을 가르쳐 순종하도록 하셨습니다.

오늘의 적용

이 시대 제사장으로 내가 영적 책임(가정, 사회)을 져야 할 것은?

오늘의 기도

제가 속한 곳(가정, 직장, 학교)에서 제사장으로 살도록 능력을 주옵소서.

여·호·수·아

22장

본문 소개

땅 분배가 끝나고 <요단강 동쪽에 세워진 제2 제단(22장) –여호수아 고별 설교(23장)– 언약 갱신(24장)> 이야기가 전개됩니다. 요단 동편 4만 명의 군대는 7년 동안 요단 서편 가나안 땅을 정복하는 일에 의무를 다했으며 이제 고향으로 돌아갈 시간이 되었습니다. 그들은 요단강에 제단을 세웠습니다. 제단으로 인해 서로 오해하고 전쟁이 일어날 뻔했으나 요단 동편 지파가 미래를 준비하는 지혜였음을 듣고 서로 공감했습니다.

1. 동쪽 지파의 귀환(22:1-9)

여호수아는 동쪽 지파들의 공로에 감사하고 그들이 약속한 의무를 다한 것에 대해 치하하고(3절) 이제 집으로 돌아가도 좋다고 허락합니다(4절).

여호수아는 요단 동편 지파들에게 하나님을 사랑하고 하나님의 길로 행하며, 하나님이 주신 율법에 순종할 것을 당부합니다(5절). 쉐마의 일부(신 6:5)였습니다. 여호수아는 동쪽 지파들을 축복하고 많은 전리품을 형제와 나누라고 지시했습니다.

2. 요단강 제단(22:10-20)

집으로 돌아가던 도중 강을 건너기 전에 제단을 세웠습니다. 이를 보고 받은 요단 서편 사람들은 오해했습니다. 율법은 성막 외에 어떤 제단도 허락하지 않기 때문입니다. 서편 사람들은 제사장 비느하스와 11명의 대표단을 보냈습니다. 대표단은 이스라엘 역사에 남겨진 두 반역 사건을 언급하면서 동편 지파들의 행위를 비난했습니다. 브올의 죄악과 아간의 죄악을 예로 들어 동편 지파가 행한 일을 배신과 반역의 행위로 정죄했습니다. 그리고 대표단은 해결책을 제시합니다. 동편 땅에 만족하지 못해서 제단을 세웠다면 여호와 성막이 있는 서편으로 건너와 거주하도록 요구했습니다(19절).

3. 요단 동편 지파의 지혜(22:21-34)

요단강 제단은 미래 동편 자손들을 위한 기념비이며, 서쪽 자손들이 동쪽 자손들이 하나님을 섬기는 것에 차별하지 못하도록 증거물로 세운 것이었습니다(26~28절). 요단강에 세운 것은 제단이 아니라 증거단으로 이름을 '엣'이라 불렀습니다. 엣은 "주께서 하나님이심을 우리 모두에게 증명함"이라는 뜻입니다. 동편 지파 사람들은 자녀들의 미래를 준비하는 지혜로운 사람들이었습니다.

성경 공부

문제❶ 요단 동쪽에 자리한 지파는? (22:1~4)

문제❷ 여호수아가 하나님을 섬기는 일에 있어 당부하는 것은? (22:5)

문제❸ 요단 동쪽에 자리한 길르앗으로 돌아가다가 한 일은? (22:9~10)

문제❹ 그 지파들의 일로 이스라엘 자손이 길르앗에 보낸 대표는? (22:13~14)

문제❺ 요단 동쪽 지파가 단을 쌓은 목적을 어떻게 설명합니까? (22:23~27)

오늘의 묵상

동쪽 지파는 자신들의 약속대로 정복 전쟁에 끝까지 동참했고, 이제 고향으로 돌아갑니다. 여호수아는 그들의 수고를 축복했습니다. 그런데 돌아가던 도중 제단을 쌓은 일로 심각한 오해를 불러일으켜 동족 간 충돌 위기에 처했습니다. 이는 과거 하나님께 반역했던 사건이 떠올랐기 때문입니다.

그러나 요단 동편 지파가 세운 것은 증거 단이고, 훗날 자녀들에게 주께서 하나님이심을 증명하기 위해 세운 것이라는 설명을 듣고 문제는 해결되었습니다.

오늘의 적용

자녀들이나 형제자매에게 보여줄 수 있는 내 믿음의 증거 단은 무엇입니까?

오늘의 기도

주님을 닮은 하나님 자녀로 살며 믿음의 거울이 되겠습니다.

여·호·수·아

23장

본문 소개

여호수아는 지난 30년 동안 하나님과 그 백성들에게 충성된 하나님의 종이었습니다. 그는 죽음이 다가오자, 백성들에게 하나님께 순종하는 백성이 될 것을 다시 권면했습니다.
23장에 여호수아의 첫 번째 설교를 담았습니다. 하나님이 주신 소명에 전부를 다 쏟았던 가나안 정복의 지도자가 평생에 걸친 헌신의 마음으로 이스라엘 지도자들을 향해 설교합니다.

1. 역사적 배경(23:1-2)

갈렙의 나이가 85세였고(14:10), 여호수아가 110세로 죽었습니다(24:29). 이 설교는 가나안 정복이 시작된 후 25~30년으로 추정됩니다. 지도자가 잘못되면 공동체가 무너지기에 여호수아는 이스라엘 모든 지도자에게 하나님께 충성할 것을 권면했습니다.

2. 첫 번째 권면(23:3-8)

여호수아는 먼저 과거를 돌아보며 하나님께서 이스라엘에 주신 은혜를 회상합니다. 하나님이 이스라엘을 위해 싸우셨으며, 하나님이 이 땅을 그 백성들에게 주셨습니다(3~4절). 그 하나님이 미래에도 함께 하실 것을 확신했습니다(5절). 하나님은 진실하게 그분을 사랑하고,

가까이하며, 그분 말씀에 순종하는 자와 함께 하십니다.

3. 두 번째 권면(23:9-13)

하나님은 이스라엘과 함께 싸우신 분이십니다(9~10절). 이스라엘이 하나님께 보답하는 길은 하나님을 사랑하는 사람으로 사는 것입니다(11절).

하나님을 사랑하는 사람들은 하나님 중심으로 하나님을 섬기는 사람들입니다. 만일에 이방인과 우상을 가까이하면, 이스라엘은 아름다운 땅에서 멸망하게 될 것을 경고했습니다. 이스라엘은 생존을 위해서 하나님을 사랑해야만 합니다.

4. 경고(23:14-16)

하나님의 모든 말씀이 하나도 틀리지 않고 다 이루어졌습니다. 이스라엘 백성이 하나님의 언약을 버리고, 우상을 섬긴다면 하나님의 선한 말씀이 다 성취된 것처럼 하나님의 모든 불길한 말씀도 다 이루어지게 될 것입니다.

이스라엘의 미래는 하나님과의 관계에 달려있습니다. 하나님을 사랑하고 그 언약에 충실하며, 하나님의 모든 율법에 순종하면 지금까지 하나님이 주신 복을 계속 누릴 수 있지만 만일에 하나님을 배신하고 거역한다면 이스라엘은 멸망하게 될 것입니다.

성경 공부

문제❶ 여호수아가 지도자들에게 여호와를 어떤 분으로 고백합니까? (23:3)

문제❷ 지금까지 이스라엘을 맞선 자가 없었던 이유는? (23:9)

문제❸ 여호와 하나님이 이스라엘을 위하여 싸우심으로 일어난 일은? (23:10)

문제❹ 남아있는 민족들과 혼인하고 왕래하면 어떻게 된다고 경고하십니까? (23:12~13)

오늘의 묵상

여호수아는 첫 번째 고별설교를 백성들의 지도자들에게 남깁니다. 먼저 하나님의 은혜를 회상하고, 함께하시며 이 땅을 주신 하나님을 사랑하라고 권면합니다. 다음으로 그 하나님을 떠나 우상을 섬기지 말라고 경고합니다. 하나님을 떠나면 경고와 심판이 이루어졌던 사실을 목격했으므로, 하나님과의 언약을 저버리지 말라고 설교합니다.

오늘의 적용

하나님과의 관계에 나의 생존이 걸려있다고 정말 믿습니까?

오늘의 기도

하나님께 저의 생존이 걸렸음을 믿기에 주님을 떠나지 않겠습니다.

여·호·수·아

24장

본문 소개

여호수아는 이스라엘 지도자에게 실로에서 설교한 후에 세겜에서 백성들에게 마지막 설교를 했습니다. 이스라엘 미래의 운명이 하나님께 대한 충성에 달려있기에 여호수아는 백성들에게 언약적 헌신을 결단하게 했습니다.

1. 역사의 회고(24:1-13)

하나님께서 아브라함을 부르신 날부터 가나안 땅 정복과 분배까지 하나님의 역사를 네 부분으로 나누어 회고했습니다. ① 족장 시대(2~4절). ② 출애굽 시대(5~7절). ③ 요단강 동쪽에서의 승리(8~10절). ④ 가나안 땅 정복과 분배(11~13절). 모든 구원과 승리는 하나님이 주신 것이었습니다. 하나님이 직접 싸우셔서 승리를 주셨고, 그 땅을 빼앗아 가장 아름답고 풍요로운 복을 허락해 주셨습니다.

2. 언약의 갱신(24:14-24)

여호수아는 백성들에게 하나님께 충성하라고 권면했습니다. "여호와를 경외하며 온전함과 진실함으로 그를 섬기라"(14절). 전심으로 하나님을 예배하라는 뜻입니다. 여호수아는 '섬김, 섬기다.' 단어를 15번이나 반복하며 백성들이 누구를 섬길 것인지 결단을 요구했습니다.

여호수아가 먼저 "나와 내 집은 여호와를 섬기겠노라."(15절) 선언하자, 백성들도 하나님을 섬기겠다고 두 차례나 맹세했습니다(16, 18절). 여호수아는 다시 경고했습니다. 하나님을 섬기겠다고 고백했다가 그 약속을 지키지 못하면 하나님의 심판과 저주를 받게 될 것을 경고했습니다(19~20절). 여호수아의 말에 백성들은 다시 충성을 결단하고 그들 스스로가 증인이 되었습니다(22절). 이제 그들의 결단을 행동으로 보여주어야 합니다(23~24절). 백성들은 네 번이나 하나님을 섬기겠다는 맹세를 했습니다.

3. 언약 기록(24:25-28)

여호수아는 언약을 갱신합니다. 백성들의 맹세와 서원을 율법책에 기록하고 큰 돌을 가져다가 상수리나무 아래 두고 증거로 삼았습니다.

4. 여호수아 죽음(24:29-33)

나이 110세. 가나안 정복의 지도자 여호수아가 죽었습니다. 여호수아와 제사장 엘르아살의 죽음은 출애굽 시대가 모두 끝났음을 상징합니다.

하나님은 신실하셨습니다. 약속하신 모든 것을 다 성취해 주셨습니다. 그러나 충성의 시대는 오래가지 못했습니다(31절).

성경 공부

문제❶ 여호수아가 이스라엘 모든 백성을 모은 곳은 어디입니까? (24:1)

문제❷ 다른 신들을 섬기던 아브라함을 불러 가나안으로 인도하신 분은? (24:2~3)

문제❸ 여호수아가 이스라엘 백성들에게 요구한 결단은? (24:14)

문제❹ 하나님께 대한 여호수아의 결단은 무엇입니까? (24:15)

문제❺ 이스라엘이 여호와를 버리고 이방 신을 섬기면 어떻게 됩니까? (24:20)

오늘의 묵상

여호수아는 모든 백성에게 마지막 설교를 합니다. 먼저 아브라함을 부르신 때부터 약속의 땅을 주신 현재까지 복을 주신 하나님을 회고합니다. 그리고 가장 중요한 결단을 백성들에게 촉구합니다. 먼저 자신은 하나님만을 섬기겠다고 선언하고, 백성들에게도 신앙의 절개를 지킬 것을 요구합니다. 이에 백성들도 네 번이나 하나님을 섬기겠다고 맹세하고 언약의 증거를 세웁니다.

여호수아가 죽고 출애굽 시대가 막을 내렸습니다.

오늘의 적용

"여호와만 섬기겠습니다." 이 신앙 고백을 정말 하시겠습니까? 결단을 적어보십시오.

오늘의 기도

나와 내 집은 하나님만 섬기겠습니다. 자녀들(후배들)에게 가르치겠습니다.

여·호·수·아

총정리

본문 소개

여호수아 이름은 "여호와는 구원이시다"라는 뜻입니다. 여호수아는 기념비의 책입니다. 여호수아가 세운 기념비를 통해 여호수아서를 다시 정리해 봅니다.
본문을 읽으면서 여호수아서에 나온 기념비를 찾아가 보겠습니다.

1. 요단강 돌기둥(4:1-9)

요단강을 건너면서 제사장들이 서 있던 자리와 길갈에 열두 개의 돌기둥을 세웠습니다. 제사장들이 언약궤를 메고 서 있던 자리에 돌아가셨다가 부활하신 그리스도께서 서 계셨습니다. 구원받은 사람은 그리스도의 죽음과 부활에 돌기둥을 세운 사람들입니다.

• 4장 7절 쓰기 :

....

....

....

2. 아골 골짜기(7:24-26)

아간 '아칸' '골치 아픈 사람, 고통을 주는 사람' 아간이 죽은 자리에 큰 돌무더기를 쌓았습니다. 한 사람의 죄는 이스라엘의 죄가 되었습니다. 여리고 성에서 이방인 라합은 생명을 얻고, 이스라엘 백성인 아간은 저주를 받았습니다. 탐욕은 우상숭배라고 하셨습니다.

• 7장 11절 쓰기 :

3. 에발산 제단(8:30-35)

하나님은 신명기에서 이미 에발산 언약 갱신에 대해 말씀하셨습니다. 에발 산과 그리심 산에서 축복과 저주의 말씀이 낭독되었습니다. 하나님의 언약 백성이 되어야 합니다. 율법에 순종하면 복을 받고, 불순종하면 저주를 받습니다. 여호수아는 철저한 순종으로 하나님이 함께하시는 형통의 사람이 되었습니다.

4. 엣 제단(22:24-29)

요단 동편 지파들은 모세와 약속한 대로 요단 서편 전쟁이 끝날 때까지 4만 명의 무장 군대가 되어 앞장서서 싸웠습니다. 이제 집으로 돌아가는 길, 요단강에서 걸음을 멈추고 거대한 엣 제단을 세웠습니다. 미래에 요단강이 요단 서편과 동편을 갈라놓게 되면 요단 동편 사람들은 성전으로 가는 길이 차단되게 될 것을 염려하여 제단 모형을 세웠습니다. 교회와 부모는 요단 동편 사람들처럼 다음 시대를 위해 준비하는 부모와 교회가 되어야 합니다.

• 22장 27절 쓰기 :

5. 세겜 기념비(24:25-27)

여호수아는 죽기 전, 세겜에서 백성에게 마지막 설교와 함께 언약을 재계약했습니다. 백성들은 "오직 하나님만을 섬기겠다고" 결단했습니다. 여호수아는 백성들의 결단을 기념하여 세겜에 큰 돌을 세웠습니다.

여호수아는 하나님을 사랑하고 하나님께 순종하라고 권면합니다. 하나님께 순종하는 길에 이스라엘의 미래가 있습니다.

- 23장 6절 쓰기 :

- 23장 8절 쓰기 :

- 23장 11절 쓰기 :

- 24장 14절 쓰기 :

사사기

Judges

사사기 소개

사사기는 여호수아와 사무엘 사이 중간 시대를 다스렸던 12명의 사사를 기록하고 있습니다. '사사'의 뜻은 '재판관'이지만 사사들은 군사적 지도자들입니다. 사사들은 구원자들이었습니다.

사사기를 통해 하나님은 지도자를 통해 통치하시고 다스리시는 분이심을 가르치고 있습니다. 하나님이 세우시는 지도자가 있을 때는 평안의 시대가 유지되지만, 지도자가 죽으면 이스라엘 백성은 다시 타락했습니다.

하나님이 세우신 사사는 기록의 분량에 따라, 이해를 돕기 위해 대 사사와 소 사사로 구분하기도 합니다.
대 사사는 옷니엘, 에훗, 드보라, 기드온, 입다, 삼손이며
소 사사는 삼갈, 돌라, 야일, 입산, 엘론, 압돈 입니다.

사사기는 < 타락 - 징계 - 회개 - 구원 - 평안 > 사이클이 일곱 번 반복합니다. 사사기 사이클은 지금 우리 시대에도 작동되고 있습니다.

사·사·기

1장

본문 소개

여호수아 마지막 장에서 이스라엘 백성은 하나님만을 섬기겠다고 서약했지만, 여호수아와 장로들이 죽자 하나님을 떠나 우상숭배에 빠졌습니다.

"여호수아가 죽은 후" 사사기가 시작됩니다. 여호수아가 죽은 후 새로운 시대가 시작되었습니다.

1. 유다가 먼저 올라가라(1:1-21)

"누가 이스라엘을 이끌 것인가?" 하나님은 유다 지파가 먼저 올라가라고 말씀하셨습니다. 여호수아 이후 유다 지파는 이스라엘을 지휘하는 지파가 됩니다. 가장 크고 유력한 지파였기 때문입니다.

① 유다와 시므온 지파, 베섹 정복(1:2-7). 하나님은 유다에게 승리를 약속하셨습니다(2절). 그러나 유다는 하나님을 거역하고 시므온 지파에게 함께 싸우자고 제안했습니다. 유다 시므온 연합군은 베섹에서 가나안 사람과 브리스 사람 1만 명을 죽이고, 아도니 베섹 왕을 사로잡고 가나안 풍습대로 처리했습니다.

② 예루살렘과 헤브론 정복(1:8-15). 유다가 정복했던 예루살렘 점령은 오래 지속되지 않았고, 후에 다윗이 다시 예루살렘을 정복했습니다. 유다의 대표적 전쟁은 헤브론 정복입니다. 갈렙이 정복했

던 일을 다시 회고했습니다. 갈렙이 유다 지파 영웅이며 가장 모범적인 정복을 보여주었기 때문입니다(수 15:13-14).

③ 네겝과 주변 지역(1:16-21). 모세와 십보라의 결혼으로 가까워진 겐 족속도 유다 지파와 함께 종려나무 성읍을 정복했습니다. 유다는 하나님이 함께 하셨지만 철병거를 가진 민족을 정복하지 못했습니다. 이유는 하나님을 전심으로 의지하지 못했기 때문입니다.

2. 요셉 지파가 올라감(1:22-36)

요셉 지파는 에브라임과 므낫세 지파를 부르는 호칭입니다. 유다 지파가 같은 어머니의 형제였던 시므온 지파와 연합한 것처럼 요셉 지파도 에브라임과 므낫세가 연합으로 정복 전쟁에 참여했습니다.

① 벧엘 정복(1:22-26). 벧엘 정복은 여리고 정복과 비슷하게 진행되었습니다. 요셉 지파가 하나님 명령을 불순종하고 살려준 사람이 루스(벧엘)를 다시 재건축하게 되었습니다.

② 쫓아내지 못한 가나안 사람들(1:27-36). 므낫세 지파는 다섯 개 성읍을 정복하지 못했으며 에브라임 지파는 게셀을 정복하지 못했습니다. 그리고 나머지 지파들도 정복에 실패했습니다.

성경 공부

문제❶ 여호와께서 어느 지파가 앞장서 싸우게 하십니까? (1:1~2)

문제❷ 아도니 베섹은 자기가 당한 일의 이유를 어떻게 말합니까? (1:7)

문제❸ 유다는 누구와 함께 가나안 사람을 쳐서 진멸하였습니까? (1:17)

문제❹ 유다가 골짜기의 거주민을 쫓아내지 못한 이유는? (1:19)

문제❺ 납달리가 쫓아내지 못한 가나안 주민은? (1:33)

오늘의 묵상

여호수아 사후 남은 땅을 정복하는 일에 하나님은 유다 지파를 선두에 세우십니다. 하나님은 승리를 약속하셨지만 유다는 시므온 지파에게 함께 싸울 것을 요청합니다. 에브라임 므낫세 지파도 벧엘을 칩니다. 그러나 하나님을 전적으로 신뢰하지 못해 철 병거를 가진 민족들과 함께 몇몇 민족을 좇아내지 못합니다.

오늘의 적용

하나님을 온전히 신뢰하지 못했던 행동의 결과가 있습니까?

오늘의 기도

주님을 온전히 신뢰하겠습니다. 두려움을 이기도록 힘을 주옵소서.

사 · 사 · 기

2장

본문 소개

이스라엘은 '가나안 족속을 진멸하라'는 하나님 명령을 거역하고 그들을 노예로 부리면서 경제적 이익을 얻었습니다.
2장은 이스라엘의 실패에 대해 증언했습니다. 1장이 군사적 실패였다면 2장은 신앙적 관점의 실패를 설명합니다.

1. 보김의 통곡(2:1-5)

보김은 '통곡의 장소'라는 뜻입니다. 하나님께 불순종한 이스라엘 백성에 대해 세 가지 심판을 내리셨습니다(3절). 첫째. 가나안 민족을 더 이상 쫓아내지 않겠다. 둘째. 가나안 민족이 이스라엘을 괴롭히는 가시가 될 것이다. 셋째. 가나안 사람들의 우상이 이스라엘 백성에게 '올무와 짐승의 덫'이 될 것을 경고하셨습니다(출 23:32-33).

2. 신앙의 단절(2:6-10)

이스라엘이 우상숭배에 빠진 이유를 밝혔습니다. 여호수아와 하나님이 행하신 큰일을 목격한 장로들이 살아있는 동안에 이스라엘은 하나님을 충성되게 섬겼지만, 다음 세대는 하나님을 알지 못하는 세대가 되고 말았습니다. 하나님께 대한 무지는 언약을 버리는 것과 같습니다. 여호수아가 죽은 후 믿음은 다음 세대로 이어지지 못했습니다.

3. 사사기 세대(2:11-23)

여호수아와 장로들 다음 세대는 사사기 세대입니다. 사사기 세대의 영적 상황과 사사 시대에 반복될 우상숭배와 심판과 구원을 예고하셨습니다. 믿음의 유산을 다음 세대로 전달하지 못한 실패가 다음 세대가 하나님을 버리고 우상숭배에 빠지게 된 가장 큰 원인이었습니다.

① 이스라엘의 죄(2:11-15). 하나님을 버리고 우상숭배에 빠짐으로 인해 하나님의 진노를 받게 됩니다. 이스라엘은 바알과 아스다롯 숭배로 인해 하나님에게 큰 진노를 받아야 했으며, 하나님은 가나안 민족을 통해 이스라엘이 고통을 당하게 하셨습니다.

② 사사를 세우심(2:16-19). 가나안 민족이 재앙의 도구가 되었습니다. 괴로움으로 인해 이스라엘이 회개하면 하나님이 사사를 보내어 구원하셨습니다. 이후 이스라엘 백성들은 사사를 중심으로 타락과 징계의 악순환을 반복하게 됩니다(18~19절).

③ 가나안 민족을 남겨두신 이유(2:20-23). 가나안 민족을 정복해야 할 이스라엘이 불순종하자 남겨두신 이방 민족이 하나님 징계의 도구가 되었습니다. 불순종은 결국 고통으로 돌아옵니다.

성경 공부

문제❶ 이스라엘이 여호와 말씀을 청종치 않으므로 어떻게 하십니까? (2:2~3)

문제❷ 이스라엘 백성이 언제까지 여호와를 섬겼습니까? (2:7)

문제❸ 여호수아는 몇 세에 죽었습니까? (2:8)

문제❹ 이스라엘이 재앙을 받고 괴로움이 심하게 된 이유는? (2:13~15)

문제❺ 노략자의 손에서 이스라엘을 건져주시기 위해 하신 일은? (2:16)

오늘의 묵상

하나님에 대한 불순종은 심판을 자초했습니다. 하나님은 가나안 민족을 더 이상 내쫓지 않으시고, 그들을 이스라엘을 찌르는 가시로 삼고 그들의 우상이 올무와 짐승의 덫이 되게 하십니다. 이 현상은 전 세대의 신앙이 다음 세대로 이어져가지 못했기 때문입니다.
하나님을 버리고 우상숭배에 빠져 하나님의 진노를 받으면 괴로움으로 인해 회개하고, 하나님이 사사를 보내 구원하십니다. 이 악순환을 반복하게 됩니다.

오늘의 적용

하나님을 향한 나의 믿음은 어떻습니까? 누군가에게 계승해야 한다면 어떻게 실천할 것인지 계획을 세워보십시오.

오늘의 기도

나의 믿음이 하나님께 깊게 뿌리내리도록 말씀과 기도에 집중하겠습니다.

사 · 사 · 기

3장

본문 소개

하나님 명령을 불순종하고 가나안 민족을 쫓아내지 않았던 이스라엘을 징계하시기 위해 하나님도 가나안 민족을 남겨두셨습니다(2:21). 가나안은 이스라엘에 가시와 같은 존재가 되고(2:3), 순종의 시험대(2:22), 이스라엘에 전쟁을 가르치는 도구가 될 것입니다. 3장은 이스라엘 12지파를 상징하는 12 사사 중에 처음 세 명의 사사 이야기를 기록했습니다.

1. 가나안을 남겨두신 이유(3:1-6)

하나님이 남겨두신 가나안 민족은 네 무리입니다(3:3). 이들을 통해 전쟁을 가르쳐 알게 하시고, 순종을 시험하셨습니다(2, 4절). 하나님의 거듭된 경고에도 이스라엘은 하나님을 버리고 가나안 족속과 결혼하며 다산과 풍요, 성적 쾌락의 우상숭배 죄에 빠졌습니다.

2. 사사 옷니엘(3:7-11)

옷니엘은 유다 지파 사람입니다. 옷니엘은 가장 모범적인 사사의 모형입니다. 이스라엘이 하나님을 잊어버리고 바알과 아세라를 숭배하자(7절) 메소포타미아 왕 구산 리사다임에게 8년 동안 고통을 당하게 하셨습니다.

이스라엘이 하나님께 부르짖자, 구원자로 옷니엘을 세우시고 이스라엘을 구원하셨습니다. 구약에서 숫자 8은 새로운 시작을 뜻합니다. 8년 동안 고통을 당했던 이스라엘은 전쟁 영웅 옷니엘 구원자를 통해 40년 동안 평안을 누리게 됩니다.

3. 사사 에훗(3:12-30)

이스라엘이 악을 행하자, 하나님은 연약한 국가 모압을 강하게 하셔서 자기 백성을 징계하셨습니다. 모압은 여리고에 주둔군을 두고 이스라엘을 18년 동안 통치했습니다. 이스라엘이 부르짖자, 하나님은 에훗을 구원자로 세우셨습니다. 오른손 장애인 에훗은 속임수와 암살을 통해 승리를 얻었습니다. 하나님은 다양한 방법으로 자기 백성을 구원하셨습니다. 에훗과 이스라엘 군대는 모압 군대를 진멸하여 완전한 승리를 거두고 모압을 굴복시켰습니다. 사사 에훗이 살아있던 80년 동안 이스라엘 백성은 평안을 누렸습니다.

4. 사사 삼갈(3:31)

삼갈은 드보라와 바락 시대에 살았던 사사입니다(5:6). 에훗이 자신의 장애를 통해 쓰임 받았다면 삼갈은 무기가 될 수 없는 농기구로 쓰임 받았습니다. 삼갈은 블레셋 사람 600명을 물리치고 이스라엘을 구원했습니다.

성경 공부

문제❶ 여호와께서 무엇을 시험하시려고 이방 민족을 남겨두셨습니까? (3:4)

문제❷ 바알과 아세라를 섬긴 이스라엘에 대한 하나님의 진노는? (3:7~8)

문제❸ 구산 리사다임의 손에서 이스라엘을 구원한 사사는? (3:9~10)

문제❹ 에글론으로 인해 부르짖자, 여호와께서 보내신 구원자는? (3:12~15)

문제❺ 사사 삼갈은 무엇으로 블레셋 사람 600명을 죽였습니까? (3:31)

오늘의 묵상

이스라엘은 하나님 명령에 불순종하고 가나안 민족을 다 쫓아내지 않았습니다. 이에 하나님도 이스라엘을 징계하는 도구로 쓰시려고 그들을 남겨두십니다.

이스라엘이 하나님을 버리고 통혼, 성적 쾌락, 우상숭배에 빠집니다. 하나님은 옷니엘, 에훗, 삼갈을 보내 회개하고 돌아올 때마다 구원해 주십니다.

오늘의 적용

아직 깨끗이 정리하지 못한 죄의 뿌리가 있다면 어떻게 하겠습니까?

오늘의 기도

더 철저히 하나님 명령에 순종하겠습니다.

사 · 사 · 기

4장

본문 소개

네 번째 사사 드보라와 바락 이야기를 4장에서, 전쟁에 대해 5장에서 드보라의 노래를 통해 두 번 기록했습니다.
하나님은 다양한 사람들을 사용하셔서 이스라엘을 구원하셨습니다. 모압 용사 1만 명, 블레셋 군인 600명을 물리친 에훗과 삼갈을, 하나님은 구원자로 세우셨습니다. 그리고 하나님은 당시 무시당하던 여자 선지자 드보라를 사사로 세우시고 이스라엘 백성을 가나안 왕 야빈과 시스라의 철 병거에서 구원하셨습니다.

1. 네 번째 타락(4:1-3)

백성들이 다시 여호와 목전에 악을 행하자 분노하신 하나님은 가나안 왕 야빈의 손에 이스라엘을 넘기셨습니다. 야빈은 철 병거 900대를 앞세워 20년 동안 이스라엘을 학대했습니다. 20년은 가장 긴 억압의 기간이며, 가장 고통이 심했습니다. 이스라엘은 하나님께 울부짖었습니다. 백성들이 기도할 때 하나님이 구원자를 보내실 수 있습니다.

2. 드보라와 바락(4:4-16)

드보라와 바락이 함께 전쟁에 올라갔습니다. 사사기에서는 드보라가 사사이지만 히브리서에서는 바락이 사사로 소개되고 있습니다(11:32).

① 드보라와 바락의 전쟁(4:4-10). 드보라(꿀벌)는 여선지자였습니다(4절). 남자 중심 사회에서 파격적인 선택이었습니다. 드보라는 선지자였으며 사사로 부름을 받았습니다. 전쟁의 지휘자로는 바락이 세움을 받았습니다. 하나님이 주신 전쟁 작전은 완벽했습니다(6~7절). 바락은 하나님 말씀이 드보라에게 있었기에 최후의 영광을 다른 여인에게 빼앗기더라도 하나님 말씀을 가진 드보라와 함께 가기를 원했습니다.

② 드보라와 바락의 승리(4:11-16). 바락이 스불론과 납달리 군사 1만 명과 함께 다볼 산에 머물자, 시스라는 기손 강에 진을 쳤습니다. 하나님께서 가나안 군대를 혼란에 빠뜨리셨고 철 병거가 기손 강에 빠져 무력하게 되자 바락은 큰 승리를 거두었습니다.

3. 또 다른 여인, 야엘(4:17-24)

전쟁 영웅은 적의 지휘관을 죽이는 사람입니다. 시스라는 동맹 관계에 있던 겐사람 헤벨의 집으로 도망치고, 헤벨의 아내 야엘에 의해 살해 당하게 됩니다. 드보라의 예언이 그대로 성취되었습니다. 이스라엘은 점점 더 강해져 가나안과 야빈을 멸망시켰습니다.

성경 공부

문제❶ 야빈은 이스라엘을 어떻게 다루었습니까? (4:3)

문제❷ 야빈 왕에게는 철 병거가 몇 대 있었습니까? (4:3)

문제❸ 사사로 부름을 받은 드보라는 누구를 불러 함께 합니까? (4:6~7)

문제❹ 패배한 시스라가 도보로 도망하여 이른 곳은? (4:17)

문제❺ 시스라는 헤벨의 아내 야엘에게 어떻게 죽임을 당합니까? (4:21)

오늘의 묵상

하나님 목전에서 악을 행하는 이스라엘을 야빈에게 파셨다고 말씀하십니다. 가장 긴 20년간의 학대를 당하자, 백성들은 다시 하나님께 울부짖습니다.
당시 여성으로서 파격적이지만 하나님은 드보라를 사사(선지자)로 세우십니다. 드보라는 바락을 불러 그와 함께 승리를 거두고 이스라엘에 평화를 가져옵니다.

오늘의 적용

우리가 끝까지 돌이키지 않으면 하나님은 포기하실(팔아버릴) 수 있습니다. 아직도 해결하지 않고 있는 죄는 없습니까?

오늘의 기도

놓치고 지나치는 죄를 생각나게 하옵소서. 진심으로 회개합니다.

사 · 사 · 기

5장

본문 소개

가나안과의 전쟁에서 큰 승리를 거둔 드보라와 바락이 하나님의 은혜를 노래로 기념했습니다. 4장이 전쟁에 대한 기록이라면, 5장은 전쟁 승리에 대한 기념비적인 찬양입니다. 하나님이 이스라엘 백성을 위해 크신 권능과 구원을 베풀었을 때마다 이스라엘은 찬양으로 하나님이 행하신 일을 기념했습니다.

1. 찬양(5:1-8)

드보라와 바락은 여호와를 찬양할 것을 권유했습니다(2~3절). '찬송하다'라는 뜻은 '축복하다'라는 뜻입니다. 하나님이 이스라엘을 도우러 내려오셨습니다. 하나님은 초자연적인 현상으로 승리를 주셨습니다(4~5절). 그러나 하나님이 일하시려면 헌신 된 사람이 필요합니다. 드보라 처럼 '이스라엘의 어머니'로 쓰임 받을 헌신 된 사람이 필요합니다.

2. 전쟁(5:9-13)

드보라는 헌신한 지도자와 백성들로 인해 하나님을 찬양합니다(2, 9절). 하나님의 의로우신 일은 이스라엘이 전쟁에서 승리하게 하신 일이었습니다(11절). 하나님은 헌신한 사람들을 통해 이스라엘에 승리를 주셨습니다.

드보라여 깰지어다, 바락이여 일어날지어다(12절). 지도자의 영적 리더십과 열정이 귀인과 백성들이 전쟁에 참여하도록 이끌었으며 하나님이 전쟁에 참여하시도록 이끌었습니다(13절).

3. 두 부류(5:14-18)

전쟁에 참여한 지파와 참여하지 않는 지파를 구분합니다. 전쟁 자원자들(14~15절), 불참자들(16~17절), 전사자들(18절)로 나누어 설명합니다. 하나님은 오늘도 하나님의 일에 헌신하는 사람과 거부하는 사람들을 기억하고 계십니다. 가장 충성되게 싸운 스불론과 납달리 지파가 목숨 걸고 싸운 것에 대해 크게 칭찬하셨습니다.

4. 메로스(5:19-23)

하나님 권능으로 적군의 병거가 강물에 휩쓸려가는 모습을 찬양하면서 메로스를 저주했습니다. 전쟁터에 가까이 있던 메로스 성읍이 전쟁에 참여하지 않았기 때문입니다. 하나님 부르심을 거부하면 하나님도 거부하십니다.

5. 야엘과 시스라의 어머니(5:24-31)

가장 커다란 공헌을 한 야엘을 칭찬합니다(24~27절). 또 다른 여자, 시스라의 어머니는 아들의 죽음으로 인해 통곡하고 있습니다. 두 여자가 주를 사랑하는 자들과 주의 원수들의 운명을 상징하고 있습니다.

성경 공부

문제❶ 2절과 3절이 고백하는 내용은? (5:2, 3)

문제❷ 야빈의 압제와 싸움에서 헌신한 지파는? (5:18)

문제❸ 반면에 소극적이었던 지파는? (5:16, 17)

문제❹ 헤벨의 아내 야엘에게 큰 복을 약속한 이유는? (5:24, 26)

문제❺ 주를 사랑하는 자들을 어떻게 축복합니까? (5:31)

오늘의 묵상

드보라는 승리를 주신 하나님 은혜를 노래로 만들어 기념하며 높여드립니다. 자기를 포함한 모든 백성에게 여호와를 찬양할 것을 권합니다. 전쟁을 위해 헌신한 지파도 있었지만, 소극적이었던 지파도 있었습니다. 그런가 하면 적장을 죽인 큰 공헌을 한 여인도 있었습니다. 이 모든 배경에 초자연적 현상을 통해서도 하나님이 개입해 주셨습니다.

오늘의 적용

일상에서 어떻게 하나님을 찬송하는 삶을 살고 있습니까?

오늘의 기도

입술의 모든 말과 마음의 묵상이 늘 주님께 열납 되길 기도합니다.

사 · 사 · 기

6장

본문 소개

사사 기드온 이야기가 가장 깁니다. 6~8장까지 기드온이 미디안 족속을 상대로 전쟁에서 승리한 것과 그 이후에 일어난 일에 관해 쓰고 있습니다. 기드온이 사사기 중심부에 기록된 것은 기드온을 분기점으로 사사기 패턴이 달라지기 때문입니다. 기드온의 타락 이후 이스라엘은 영적으로 암흑기가 시작되며 하나님의 통치 방식이 약화 되기 시작합니다.

1. 서론(6:1-10)

이스라엘은 다시 하나님을 반역하고 우상숭배를 행했습니다. 하나님은 미디안 사람들의 손에 붙이셔서 7년 동안 억압을 받게 하셨습니다(1절). 미디안과 이스라엘은 가깝고도 먼 관계입니다. 모세는 미디안 여자와 결혼했지만, 미디안은 이스라엘 백성으로 하여금 하나님을 반역하게 했습니다(민 25:17-18).

미디안의 7년 억압은 그 어떤 때보다 혹독하고 잔인했습니다. 이스라엘이 고통 중에 부르짖자, 하나님은 선지자를 먼저 보내셔서(8절) 백성의 죄를 책망하시고 구원을 시작하셨습니다.

2. 기드온(6:11-32)

하나님의 사자가 나타나 기드온을 이스라엘 사사로 세우셨습니다

(11~18절). 기드온은 하나님이 직접 소명을 주신 유일한 사사입니다. 기드온의 이름은 '도끼로 찍어내는 자, 벌목꾼'이라는 뜻입니다.

① 기드온을 부르심(6:11-24). 포도주 틀에 들어가 몰래 밀을 타작하던 기드온을 '큰 용사'라고 부르셨습니다. 하나님이 기드온과 함께 하실 것을 말씀하셨습니다(12절). 기드온의 어리석은 질문에도 불구하고 하나님은 기드온에게 주님의 능력으로 이스라엘을 구원하라고 명령하셨습니다(14~16절). 기드온은 하나님이 제물을 열납하신 제단을 '여호와 샬롬'으로 불렀습니다.

② 기드온을 정결케 하심(6:25-32). 하나님은 기드온에게 바알 제단을 무너뜨리고 하나님께 제물을 드릴 것을 요구하셨습니다. 7년 된 둘째(가장 우수한) 소를 제물로 바쳤습니다. 기드온은 이 사건으로 '여룹바알' '바알과 다투리라'는 이름을 얻었습니다.

3. 갈등(6:33-40)

여호와의 영이 기드온을 사로잡고 이스라엘 군대가 모였습니다. 그러나 기드온은 두려움으로 인해 하나님께 양털 시험을 두 번이나 요청합니다. 하나님은 기드온의 요청대로 응답하셔서 기드온의 두려움을 제거해 주셨습니다.

성경 공부

문제❶ 이스라엘을 칠 년 동안 미디안의 손에 넘겨주신 이유는? (6:1)

문제❷ 미디안으로 인해 궁핍함이 심해지자, 이스라엘이 한 행동은? (6:6)

문제❸ 여호와께서 보내신 선지자는 어떤 잘못을 지적합니까? (6:10)

문제❹ 여호와의 부름에 기드온은 무엇을 구합니까? (6:17)

문제❺ 기드온이 사사로 부름을 받고 그날 밤에 행한 일은? (6:25~27)

오늘의 묵상

하나님은 다른 사사와 달리 기드온을 특별하게 부르셨습니다. 그리고 가장 많은 분량을 할애해서 그의 사사 활동이 기록되었습니다.
기드온을 기점으로 이스라엘에 대한 하나님의 통치가 약화 됩니다. 이는 하나님에 대한 이스라엘의 반역이 더 심해졌음을 나타내는 것입니다.
기드온은 두려움 때문에 좀 더 확실한 하나님의 증거를 요청합니다.

오늘의 적용

두려움과 하나님 신뢰와는 어떤 관계가 있을까요?

오늘의 기도

제가 하나님을 더 깊이 의지함으로 두려움에 지지 않겠습니다.

사 · 사 · 기

7장

본문 소개

미디안 연합군 13만 5천 명과 기드온과 이스라엘 군대 3만 2천 명이 이스르엘 골짜기에서 전쟁을 시작합니다.
하나님께서 이 전쟁을 통해 하나님 능력의 비밀을 보여주셨습니다. 기드온에게 "너의 힘으로 이스라엘을 구원하라"(6:14)고 말씀하셨는데, 그 힘의 비밀을 드러내셨습니다. 하나님의 능력 비밀은 인간의 약함과 하나님의 강함을 교환하는 법칙입니다. 바울도 이 비밀을 깨닫고 하나님께 쓰임 받았습니다(고후 12:9).

1. 300명(7:1-8)

적군은 13만 5천 명의 연합군(8:10). 이스라엘 군대는 3만 2천 명. 그러나 하나님은 두 과정을 거치며 이스라엘 군대를 축소하여 300명만 남기셨습니다.
'두려워하는 자는 가라' 2만 2천 명이 떠났습니다. 이스라엘이 진을 치고 있는 하롯 샘은 '떨고 있다'라는 뜻을 가졌습니다. 하나님은 다시 물 먹는 모습을 보고 9,700명을 집으로 돌려보냈습니다. 300명이 13만 5천 명을 대항하여 싸워야 합니다. 이스라엘 군인 한 명이 적군 450명을 상대로 싸워야 합니다. 왜 그렇게 하셨을까요? 하나님은 이스라엘이 자기 힘으로 전쟁에서 이겼다고 자만하여 하나님을 거스르지 못하게 하신 것입니다(2절).

2. 두려움(7:9-14)

기드온은 다시 두려움에 빠졌습니다. 하나님은 양털 표징에 이어 두 번째 증거를 보여주셨습니다. 기드온은 부하를 데리고 적진으로 들어가 적군의 꿈 이야기를 들었습니다. 기드온과 보리떡 이야기는 기드온에게 하나님이 전쟁에서 승리케 하실 것을 확신하게 만들어 주었습니다.

3. 나팔, 항아리, 횃불(7:15-25)

기드온은 양털의 증거, 보리떡 꿈의 증거를 받은 후에야 300명을 향해 "일어나라"(15절) 하나님 말씀을 믿고 명령을 내렸습니다. 하나님의 전략은 300명 군대를 세 부대로 나누고 나팔과 빈 항아리와 횃불을 들게 했습니다. 신호에 따라 "여호와를 위하라, 기드온을 위하라" 소리치게 했습니다. 전쟁은 하나님이 하시는 일입니다.

이스라엘 300명 군대가 한 일은 나팔을 불고, 항아리를 깨고, 횃불을 흔들고 "여호와와 기드온의 칼이다"(20절) 함성을 외친 것뿐입니다. 하나님께서 미디안 연합군을 두려움과 혼란에 빠지게 하심으로 기드온에게 큰 승리를 거두게 하셨습니다.

성경 공부

문제❶ 기드온을 따르는 군인이 너무 많다고 하신 이유는? (7:2)

문제❷ 기드온과 함께 최종 몇 명이 미디안과의 싸움에 선택됩니까? (7:7)

문제❸ 삼백 명을 세 대로 나누고 손에 들게 한 것은? (7:16)

문제❹ 삼백 명이 나팔을 불 때 여호와께서 미디안 진영에 하신 일은? (7:22)

문제❺ 기드온 삼백 용사가 적을 정복하는 일에 사용한 것은? (7:20)

오늘의 묵상

지금까지 이스라엘이 싸운 전쟁에서의 승리는 군대나 전략이 아니었습니다. 기드온을 통해서도 300명의 용사를 추리신 것은, 이스라엘이 자만하여 승리를 주신 하나님을 거스르지 못하게 하심입니다.
이스라엘이 가진 무기는 나팔과 항아리와 횃불입니다. 무기도 아닌 것을 들고 나갔지만 가장 중요한 하나님 명령에 순종함으로, 하나님께서 적의 진영에 혼란과 두려움을 내리셔서 자멸하게 하여 승리를 쟁취하였습니다.

오늘의 적용

하나님 자녀인 내게 정말 중요한 것은 무엇이라고 생각합니까?

오늘의 기도

하나님 말씀에 대한 순종이라는 무기로 오늘도 승리하며 살겠습니다.

사 · 사 · 기

8장

본문 소개

이스라엘 군대는 미디안 연합군을 추격했습니다. 포도주 틀에서 부르심을 받았던 기드온은 포도주 틀에서 미디안 연합군 두 우두머리 오렙과 스엡을 처형합니다(7:25).

기드온에게 중요한 두 가지 단어는 <300>과 <황금 에봇>입니다. <300>을 통해 약할 때 강함 되시는 능력의 비밀을, <황금 에봇>을 통해 하나님의 능력을 잃어버리는 타락의 원인을 알게 하셨습니다. 황금 에봇 이후 영적 암흑기가 시작됩니다.

1. 에브라임의 불평(8:1-3)

뒤늦게 전쟁에 참여하게 된 에브라임 지파는 미디안 군대 두 우두머리를 처형한 후에 기드온에게 불평했습니다(8:1). 기드온이 에브라임을 부르지 않은 것은 사실이지만 지금에 와서 불평하는 것은 기드온에 대한 시기심 때문이었습니다. 기드온이 자신을 낮추고 에브라임에게 더 큰 공로를 돌리자, 그들의 분노가 풀렸습니다.

2. 숙곳과 브누엘의 거절(8:4-21)

기드온은 요단강을 건너 계속 패잔병들을 추격했습니다. 지친 군대를 위해 숙곳과 브누엘 사람들에게 협조를 요청하지만 거절당했습니니다(4~9절). 숙곳과 브누엘 사람들은 기드온을 도왔다가 나중에 미디안에게 보복당할 것을 두려워했습니다. 그들은 하나님이 하고 계신 일들을 알지 못했으며, 기드온을 무시했습니다. 기드온은 두 성읍에 대해 복수를 선언하고 계속 미디안 왕들을 추격하여 세바와 살문나를 사로잡았습니다(11~12절). 돌아오는 길에 숙곳과 브누엘 성읍에 대해 복수하고(13~17절) 세바와 살문나를 처형했습니다(18~21절). 두 왕을 죽인 후에 기드온은 왕을 상징하는 초승달 장식을 가졌습니다. 이 행동은 불길한 암시를 주게 됩니다.

3. 황금 에봇(8:22-35)

역사상 가장 위대한 승리를 경험한 백성들은 기드온을 왕으로 추대했습니다. 기드온은 백성들의 요구를 "오직 하나님만이 다스리신다."라는 대답으로 거절하고 백성들에게 전쟁 전리품 중 금귀걸이를 달라고 요청합니다(24절). 기드온은 20kg이 넘는 금으로 황금 에봇을 만들었습니다(27절). 에봇은 제사장들이 입는 옷입니다. 이스라엘 백성이 황금 에봇을 숭배하면서 종교적 혼합 주의를 가져왔습니다. 기드온은 왕처럼 살다가(29~32절) 죽은 후에 잊히고 맙니다(33~35절).

성경 공부

문제❶ 기드온과 다툰 이스라엘 지파는? (8:1)

문제❷ 숙곳과 브누엘 사람이 기드온과 병사들을 돕지 않은 이유는? (8:5~7)

문제❸ 기드온은 숙곳과 브누엘을 향해 어떤 선언을 합니까? (8:7, 9)

문제❹ 기드온이 세바와 살문나에게 하지 말았어야 할 말은? (8:19)

문제❺ 전리품이었던 초승달 장식이 어떻게 사용되었습니까? (8:22~28) (27)

오늘의 묵상

자신들의 수치도 모르고 도리어 분을 내는 에브라임의 추한 모습을 보게 됩니다. 능하신 하나님보다 미디안의 보복이 두려워 이스라엘에 협조하지 않았던 숙곳과 브누엘은 자기들이 행한 대로 거둡니다.
하나님께서 기드온에게 승리를 쟁취하게 하셨지만, 기드온은 전리품으로 취한 초승달 장식과 황금으로 에봇을 만들어 이스라엘로 우상숭배에 빠지게 만듭니다. 기드온은 백성들의 기억에서 사라져갑니다.

오늘의 적용

기드온을 모델로 본받고 싶은 장점을 써 봅시다.

오늘의 기도

주님 앞에서 마지막까지 믿음의 실패를 하지 않도록 겸손하게겠습니다.

사 · 사 · 기

9장

본문 소개

기드온의 황금 에봇으로 이스라엘은 우상숭배에 빠졌습니다. 기드온이 남긴 부정적 영향력은 기드온 첩의 아들 아비멜렉 반란으로 인해 더 큰 타격을 가져왔습니다. 아비멜렉 사건은 사사기 시대 하나님 통치가 무너지고 있다는 사실을 보여준 사건이었습니다. 기드온은 자신이 만든 황금 에봇으로 이스라엘을 타락시켰고, 왕처럼 살았으나 죽은 뒤에 백성들에게 잊혔고 첩의 아들 아비멜렉이 왕이 되려는 반란을 가져왔습니다.

1. 형제 살해(9:1-6)

아비멜렉은 기드온 아들 70명과 자신 중에 누가 왕이 되는 것이 좋은가를 묻는 여론조사와 선동 정치를 통해 기드온 아들 70명을 살해했습니다. 아비멜렉 반란 뒤에는 '바알'이 있었습니다. 정치자금도 바알 신전에서 나왔으며 왕으로 선포된 상수리나무 기둥도 바알의 상징입니다.

2. 요담의 우화(9:7-21)

아비멜렉의 살해를 피해 살아남은 아들은 요담입니다(5절). 세겜 사람이 아비멜렉을 왕으로 세웠다는 소식을 듣고 나무 우화를 통해 저주의 메시지를 전했습니다. 우화에 언급된 감람나무, 무화과나무, 포도나무는 사람들이 소중하게 여기는 나무였으며, 나무들의 왕이 될 자격이 충분했습니다. 사람들에게 해를 끼치는 나무는 가시나무로 아비멜렉은 가시나무와 같았습니다. 자격 없는 사람을 왕으로 세운 세겜과 사람들을 선동한 아비멜렉에 대해 하나님의 심판을 예고했습니다.

3. 아비멜렉의 몰락(9:22-57)

왕이 된 지 3년, 하나님이 아비멜렉과 세겜을 심판하셨습니다. 악한 영을 보내셔서 아비멜렉을 왕으로 세웠던 세겜 사람들이 배반하게 하셨습니다. 하나님은 심은 대로 거두게 하시는 분이십니다(24절).

① 세겜과 아비멜렉이 배반함(9:22-55). 세겜이 배반하자 "불이 가시나무에서 나오리라"(15절) 요담의 예언대로 아비멜렉이 세겜 성을 불태웠습니다. 그리고 아비멜렉도 심판을 받아 데베스 공격에서 여인이 던진 맷돌에 맞아 죽임당합니다.

② 하나님의 보복(9:56-57). 하나님은 행한 대로 갚으시는 분이십니다. 세겜과 아비멜렉, 악을 행한 자와 악에 동참한 사람들이 심판받았습니다.

바울은 심고 거두는 법칙을 따라 믿음의 가정에 더욱 착한 일을 하라고 권면했습니다(갈 6:7-10).

성경 공부

문제❶ 세겜 사람들이 아비멜렉이 왕이 되도록 어떻게 도왔습니까? (9:3~4)

문제❷ 아비멜렉이 형제들을 어떻게 죽이고 어디서 왕이 되었습니까? (9:5~6)

문제❸ 요담은 아비멜렉을 무슨 나무에 비유합니까? (9:14~15)

문제❹ 잔인했던 아비멜렉은 누구에 의해 죽습니까? (9:53~55)

오늘의 묵상

기드온이 남긴 불신앙 영향이 자기 첩의 아들 아비멜렉으로 폭주하게 했습니다. 그 결과가 70명의 형제를 살해하고 선동 정치로 스스로 왕이 되려 했고 왕으로 군림합니다. 아비멜렉의 뒤에는 '바알'이라는 우상이 있었습니다.

그러나 하나님은 심은 대로 거두시는 분입니다. 아비멜렉을 왕으로 세운 세겜과 분쟁하게 하셨고 아비멜렉도 어이없고 수치스럽게 죽임을 당하게 하십니다.

오늘의 적용

영적 싸움과 불신앙의 믿음 배경에는 사단의 계획이 있습니다. 어떤 것들을 발견할 수 있습니까?

오늘의 기도

시대를 본받지 않도록 말씀으로 마음을 늘 새롭게 하겠습니다.

사 · 사 · 기

10장

본문 소개

기드온의 황금 에봇 이후 하나님 통치가 약화 되었습니다. 황금 에봇을 숭배하던 혼합 종교가 바알브릿으로 이어져 바알과 언약을 맺은 백성으로 타락해 버렸습니다(8:33, 9:4).

하나님 통치 빈자리를 인간 권력이 지배하기 시작하는 전환점이 아비멜렉 반란이었습니다. 왕이 되려는 아비멜렉 반역이 드러나고, 권력형 사사 돌라와 야일 역사가 이어졌습니다.

소 사사는 기록 분량이 적은 사사들을 일반적으로 통칭합니다.

1. 소 사사, 돌라(10:1-2)

돌라는 잇사갈 지파 사람입니다. 돌라의 계보가 삼 대까지 소개되는 것은 사회 경제적으로 좋은 집안사람이라는 뜻입니다. 돌라 이름은 '벌레'라는 뜻입니다. 돌라가 한 일에 대해 '일어났다, 구원했다, 다스렸다'로 증언했습니다. 다른 사사들은 외부의 적에서 이스라엘을 구원했지만, 돌라는 이스라엘을 내부 혼란과 무질서에서 구원했습니다.

돌라는 고향 사밀에 살면서 이스라엘을 23년간 다스렸습니다. 돌라는 하나님이 세우신 사사가 아닙니다. 그가 '스스로' 일어나 사사가 되었습니다. 권력형 지도자 시대가 열렸습니다.

2. 소 사사, 야일(10:3-5)

야일은 '여호와께서 빛이 되신다'라는 뜻으로 영리한 사람이라는 뜻입니다. 야일은 구원자가 아니며 평화의 시기에 이스라엘을 다스렸습니다. 야일은 30명의 아들, 30마리 나귀, 30개의 성읍을 가진 권력자였습니다. 야일은 부와 권력을 가지고 22년 동안 이스라엘을 통치했습니다.

3. 하나님과 이스라엘의 대화(10:6-18)

이스라엘이 다시 하나님을 배반했습니다. 가나안 일곱 우상을 섬겼습니다. 하나님은 타락한 백성을 블레셋과 암몬 손에 파셨습니다(7~9절). 두 민족에게 이스라엘이 고통을 당하게 하신 것은 처음 있는 일입니다. 암몬 사람들은 요단강을 건너 유다, 베냐민, 에브라임 지파까지 괴롭혔습니다. 고통이 광범위하고 강력했습니다.

① 18년 고통 후 이스라엘이 하나님께 부르짖었습니다(10절).

② 하나님은 더 이상 이스라엘을 구원하지 않겠다고 거절하셨습니다(11~13절). 하나님은 과거에 구원을 베푸셨지만, 이스라엘은 반역과 우상숭배를 반복했습니다. "이제 너희가 섬기는 우상에게 도움을 구하라." 하나님이 등을 돌리셨습니다. 그러나 백성들이 우상을 버리고 회개하자 고민하십니다(16절).

성경 공부

문제❶ 돌라는 이스라엘 사사로 몇 년을 다스렸습니까? (10:1~2)

문제❷ 야일은 22년 동안 이스라엘을 다스렸습니다. 그의 소유물은? (10:3~5)

문제❸ 이스라엘이 다시 섬기기 시작한 우상은? (10:6)

문제❹ 하나님은 배반한 이스라엘을 어디에 파셨습니까? (10:7)

문제❺ 일곱 대적으로부터 이스라엘을 구원하셨습니다. 그 이름은? (10:11~12)

오늘의 묵상

돌라는 스스로 일어나 사사가 되어, 이스라엘을 내부 혼란과 무질서에서 구원했습니다. 야일은 평화의 시기에 이스라엘을 다스렸습니다. 이 둘은 부와 권력을 가진 출신자로 이스라엘을 다스렸습니다.

야일 사후 이스라엘이 다시 하나님을 배반하자, 두 나라로 하여금 이스라엘을 괴롭게 하십니다. 동시에 두 나라의 억압을 받은 것은 처음입니다. 하나님은 다시는 이스라엘을 돌아보지 않으시려 했지만, 그들이 회개하자 고민하십니다.

오늘의 적용

하나님이 등을 돌리실 정도의 죄와 잘못은 없습니까?

오늘의 기도

하나님께 고민이 아닌 기쁨을(스바냐 3:17) 드리는 자녀가 되겠습니다.

사 · 사 · 기

11장

본문 소개

블레셋과 암몬 통치 18년, 암몬 자손이 이스라엘을 향해 전쟁을 시작하자 길르앗 장로들이 "누가 먼저 나가서 암몬 자손과 싸움을 시작하랴?" 고민했습니다. 전쟁을 이끌 지도자가 없었습니다. 11장에서 입다가 사사가 되어 이스라엘을 구원하게 됩니다. 입다의 이름은 "그가 열었다"라는 뜻입니다.

사람이 입을 열 때 하나님도 일하십니다. 입다는 대화를 통해 하나님의 부르심을 찾아내고 입을 열어 서원하여 이스라엘을 구원했습니다.

1. 입다의 배경(11:1-3)

입다는 길르앗이란 사람이 창녀에게서 낳은 아들입니다. 입다가 성장하자 그의 이복형제들이 입다를 내쫓았습니다. 그는 '돕' 땅으로 도주하여 성장했습니다. 입다는 '돕' 땅에서 큰 용사로 인정 받았습니다(1, 3절).

2. 입다의 부르심(11:4-11)

길르앗 장로들이 입다를 찾아와 군대 지휘관이 되어 줄 것을 요청합니다. 입다가 거절하자 길르앗 장로들은 통치자 자리를 제안하고 하나님 앞에서 협정을 맹세했습니다.

입다는 최초로 사람들에 의해 세워진 사사였습니다. 장로들과 대화를 통해 하나님의 부르심을 찾았습니다.

3. 암몬 왕의 외교(11:12-28)

암몬 왕과의 협상에서 입다는 뛰어난 역사관과 통찰력으로 암몬 왕의 침략이 부당한 행동임을 네 가지를 통해 드러낸 후에 전쟁을 선언했습니다.

① 역사적 사실에 근거하여 반박했습니다(16~22절). 암몬 왕이 출애굽 때 빼앗긴 땅을 돌려달라는 요청에 대해, 출애굽 역사를 설명하면서 암몬 땅을 빼앗은 적이 없음을 증명했습니다.

② 땅의 신학 논리로 암몬 왕의 주장을 무시했습니다(23~24절).

③ 모압 왕 발락을 예로 들어 그를 배우라고 권면합니다(25절).

④ 상식적으로 지난 300년간 왜 침묵했는가를 물었습니다(26절).

4. 입다의 서원(11:29-40)

여호와의 영이 임하고 입다는 암몬과의 전쟁에서 승리를 주시면, 하나님이 원하시는 가장 좋은 것을 드리겠다고 서원했습니다. 입다의 번제 서원은, 사람을 제물로 바치는 것이 아닙니다. 아브라함도 이삭을 번제로 바쳤지만, 하나님은 숫양을 준비해 주셨습니다(창 22:12). 하나님은 입다의 서원대로 승리를 주셨고 입다와 입다의 딸은 서원대로 자신의 평생을 하나님께 바쳤습니다(36절).

성경 공부

문제❶ 입다가 아버지의 집에서 기업을 받지 못하고 쫓겨난 이유는? (11:2)

문제❷ 길르앗 장로들이 입다를 이스라엘 장관으로 부른 이유는? (11:4~6)

문제❸ 입다가 이스라엘 지도자가 된 후 한 일은? (11:11)

문제❹ 입다가 승리하게 되면 여호와께 바치기로 서원한 것은? (11:30~31)

문제❺ 입다가 딸을 드려야 된다고 말한 이유는? (11:35)

오늘의 묵상

암몬의 침공으로 인해 백성의 장로들이 입다를 찾아 자기들의 지도자가 되어 줄 것을 요청합니다. 입다는 사람들이 세운 사사였습니다.
이에 입다는 조건부로 사사 자리를 맡습니다. 하지만 하나님은 하나님의 영을 입다에게 부어 주셨고 전쟁에서 이기게 하십니다.
입다는 하나님과 약속한 자신의 서원을 지킵니다.

오늘의 적용

나는 하나님과의 약속에 얼마나 신실합니까? 지금 실천해야 할 약속이 있습니까?

오늘의 기도

저의 몸을 하나님이 기뻐하시는 산 제물로 날마다 드리겠습니다.

사 · 사 · 기

12장

본문 소개

입다는 "여호와의 영"(11:29)이 임한 사람입니다. 입다의 서원이 이교도적인 '사람 제물'이었다면 하나님은 결코 입다를 쓰시지 않았을 것입니다. 입다의 딸도 아버지의 승리를 "하나님이 갚으셨다."(36절)라고, 하나님이 주신 승리로 고백합니다.

입다는 거짓된 서원으로 하나님을 이용한 것이 아닙니다. 서원을 통해 하나님께서 이스라엘을 구원하시도록 구원의 문을 연 사람입니다.

입다는 '여는 자'였습니다. 서원으로 닫혀있던 하나님의 구원과 능력의 문을 다시 열었습니다.

1. 에브라임 지파의 불평(12:1-7)

입다가 암몬과의 전쟁에서 승리했다는 소식을 듣고 에브라임 지파가 찾아와서 협박하고 불평합니다. 기드온 때에도 그들은 불평자였습니다(8:1-3).

입다는 에브라임 지파의 위선을 책망하고(2~3절), 요단 나루턱을 지키고 언어를 통해 에브라임 사람을 찾아내어 죽였습니다. '쉽볼렛-십볼렛.' 4만 2천 명의 불평자들이 죽임을 당했습니다. 입다는 사사 중에 가장 짧은 6년을 통치합니다.

2. 소 사사, 입산(12:8-10)

소 사사 숫자가 1명, 2명, 그리고 3명으로 소개되었습니다. 입산은 30명의 아들과 30명의 딸을 두었습니다. 30명의 자녀를 결혼시켰습니다. 자녀들의 결혼을 정치적으로 사용하여 개인의 부와 권력을 추구했습니다. 이스라엘 공동체보다 자신의 가정과 이익에 매달렸습니다.

3. 소 사사, 엘론(12:11-12)

엘론은 스불론 사람입니다. 그는 10년 동안 이스라엘 사사로 섬겼습니다. 그가 묻힌 아얄론과 엘론은 히브리어 자음이 같습니다. 자신이 통치하던 성읍 이름을, 자신의 이름을 따라 개명한 것으로 보입니다.

4. 소 사사, 압돈(12:13-15)

압돈 이름은 '섬김'이라는 뜻입니다. 압돈의 시대도 평화로웠습니다. 평화의 시대라는 증거는 40명의 아들과 다음 시대를 이어갈 30명의 손자입니다. 압돈은 8년 동안 사사로 통치했습니다.

사사 입다와 삼손 사이에 입산, 엘론, 압돈 세 명의 소 사사가 통치했습니다. 소 사사들은 부와 권력으로 스스로 사사가 된 사람들입니다. 사사는 하나님이 세우신 사람들입니다. 그러나 스스로 사사가 된 사람들은 하나님 통치에서 벗어난 사람들입니다.

성경 공부

문제❶ 에브라임 사람들이 입다에게 한 불평은? (12:1)

문제❷ 입다가 암몬과 싸우러 갈 때 에브라임 자손이 한 행동은? (12:2~3)

문제❸ 길르앗 사람들이 에브라임 사람들과 싸우게 된 이유는? (12:4)

문제❹ 요단강 나루턱에서 에브라임 사람을 어떻게 구별합니까? (12:5~6)

문제❺ 입다가 죽은 후 이스라엘을 섬긴 세 명의 사사는? (12:8~15)

오늘의 묵상

에브라임 지파가 기드온 때처럼 또 불평합니다. 입다는 기드온과 달리 그들의 위선을 책망하고 불평자들을 처벌합니다.
입다는 6년이라는 가장 짧은 시간 통치했습니다. 이후 입산, 엘론, 압돈이 사사가 되어 이스라엘을 다스렸습니다.

오늘의 적용

불평은 언제까지나 용납되지 않습니다. 지금 하나님을 향한 내 태도는 어떻습니까?

오늘의 기도

불평은 버리고 범사에 감사하는 자녀가 되겠습니다.

사 · 사 · 기

13장

본문 소개

마지막 사사 삼손은 불명예스러운 사사로 비난을 받고 있습니다. 이스라엘이 계속 우상에게 끌려다닌 것처럼 삼손도 여자에게 끌려다닌 타락한 사사로 알려졌습니다. 삼손의 이야기는 13~16장까지 계속됩니다. 하나님께서 왜 이스라엘의 골칫덩이 삼손 이야기를 자세하게 기록하셨을까요? 삼손은 하나님의 영에 이끌려 구원의 기회를 찾았던 사사였습니다.

1. 삼손의 출생(13:1-7)

이스라엘 자손이 다시 하나님께 악을 행하자, 블레셋 사람들 손에 40년을 고통받게 하셨습니다.

죄악이 클수록 이방인들의 압제도 길고 혹독해졌습니다. 이스라엘은 하나님께 부르짖는 것도 잊었습니다. 이스라엘이 회개하며 기도하지 않으면 하나님도 구원하시지 않습니다. 하나님은 어떻게 하셨을까요? 나실인을 사사와 구원자로 세우셨습니다.

단 지파에 속한 마노아와 그의 아내를 통해 나실인 삼손이 태어나게 하셨습니다. 하나님의 사자는 두 가지를 명령했습니다. 첫째. 특별한 아이가 태어날 것이니 정결하라. 둘째. 태어날 아이는 나실인으로 하나님께 바쳐진 사람이다(5절). 머리카락을 자르지 말고, 포도주와 독주를 마시지 말라(민 6:1-8).

2. 두 번째 현현(13:8-25)

마노아는 하나님께 기도하여 하나님의 사자를 다시 보내주실 것을 요청합니다. 이번에도 아내에게 먼저 나타나신 후에 마노아는 천사를 대면했습니다.

삼손의 이야기에서 여자가 중요한 역할을 하게 되는데 그의 탄생에서도 어머니가 더 중요한 역할을 하고 있습니다.

① 마노아는 자신이 여호와의 사자를 만나고 있다는 것을 알지 못했으며 제물을 하나님께 드리라는 말도 이해하지 못했습니다.

② 마노아가 여호와의 사자 이름을 물었고 "내 이름은 기묘자라."라는 대답을 들었습니다(18절). 기묘는 '비밀'이라는 뜻입니다. 삼손을 통해 하나님이 특별한 구원을 베푸실 것을 암시하셨습니다.

③ 제물이 열납 된 후에야 마노아는 여호와의 사자를 알아보고 죽음을 두려워했으나 아내의 통찰력으로 안심하게 됩니다.

④ 어머니는 태어난 아이를 삼손이라 불렀습니다. 삼손 이름은 '작은 태양'(sunny-boy)이란 뜻입니다. 하나님이 삼손에게 복을 주셨고, 여호와의 영이 그의 삶을 이끌었습니다(24~25절).

성경 공부

문제❶ 여호와께서 이스라엘을 40년 동안 블레셋에게 붙이신 이유는? (13:1)

문제❷ 마노아의 아내에게 독주와 포도주 등을 금한 이유는? (13:7)

문제❸ 마노아가 하나님의 사자를 다시 보내 달라고 기도한 이유는? (13:8)

문제❹ 마노아가 번제와 소제를 여호와께 드렸을 때 일어난 일은? (13:19~20)

문제❺ 삼손의 삶에 일하기 시작하신 분은? (13:25)

오늘의 묵상

이스라엘이 블레셋에게 40년간 고통을 받습니다. 죄의 크기와 징계는 비례합니다. 이스라엘은 기도조차도 잊었습니다. 회개하며 부르짖어야 합니다.
하나님은 구원자로 나실인 삼손을 세워주십니다. 하나님께서 삼손에게 복을 주셨고 주의 영이 그를 이끄셨습니다.

오늘의 적용

기도를 멈추고 있습니까? 회개하고 부르짖지 않으면 하나님을 기대할 수 없습니다.

오늘의 기도

'쉬지 말고 기도하라'는 말씀에 순종하여 매일 무릎을 꿇겠습니다.

사 · 사 · 기

14장

본문 소개

이스라엘 사사 중 하나님이 복 주신 사람은 삼손뿐이며 하나님의 영에 크게 감동된 사사도 삼손뿐입니다. 삼손은 블레셋 사람들 손에서 이스라엘을 구원하기 시작합니다(13:5).
삼손의 구원 방법은 '여자'였습니다. 딤나 여자와의 결혼을 통해 전쟁의 기회를 얻으려고 했습니다. 삼손의 행동 뒤에 '여호와의 영'이 함께 하셨음을 성경은 분명하게 기록하고 있습니다.
이방 여자를 통해 전쟁의 기회를 만드는 과정이 사람의 상식으로 볼 때는 위험하고 불량스러워 보입니다.

1. 삼손과 딤나 여인(14:1-4)

블레셋에서 이스라엘을 구원해야 할 나실인 사사가 블레셋 여자와 결혼하는 것은 충격적인 사건입니다. 그러나 그 뒤에 여호와의 영이 활동하고 계셨고(13:25), 그 계획이 하나님으로부터 시작되었다고 증언하고 있습니다(4절). 삼손이 자제력을 잃은 욕망의 사람처럼 행동하는 것을 학자들이 비판하고 있지만, 성경은 '이 일이 하나님에게서 나온 것'임을 분명하게 쓰고 있습니다.

2. 삼손의 청혼(14:5-9)

딤나로 청혼하러 부모와 함께 내려가는 길에 삼손은 여호와의 영이 강하게 임하여 젊은 사자를 염소 새끼 찢듯이 찢었습니다. 삼손은 딤나 여자가 마음에 들었습니다. 양가 부모의 결혼 합의 후 삼손은 다시 딤나로 내려가다가 사자의 사체에 벌꿀이 담겨있는 것을 목격합니다.

3. 삼손의 결혼식(14:10-20)

결혼 잔치는 일주일 동안 계속되었습니다. 잔치에 참석했던 청년들은 관습에 따라 수수께끼 게임을 했습니다. "먹는 자에게서 먹는 것이 나오고 강한 자에게서 단 것이 나왔느니라" 삼손은 수수께끼 게임에 7일의 기간과 베옷 30벌과 겉옷 30벌을 상품으로 걸었습니다.

삼손이 사자를 죽인 경험에서 이 수수께끼를 제출했기에 누구도 정답을 알 수 없었습니다. 블레셋 청년들은 비열한 방법으로 해답을 알아내고 삼손은 그들이 부정함으로 틈을 얻었습니다.

삼손은 하나님의 영에 감동되어 딤나에서 30여km 떨어진 아스글론에 내려가 블레셋 사람 30명을 죽이고 베옷과 겉옷 30벌을 주고 집으로 돌아갔습니다. 그리고 아내를 빼앗겼습니다. 이제 조금씩 블레셋에 대한 삼손의 게릴라 전쟁이 시작됩니다.

성경 공부

문제❶ 삼손의 부모가 딤나 여자를 거절한 이유는? (14:3)

문제❷ 삼손이 딤나에서 만난 동물과 후에 있었던 일은? (14:6~9)

문제❸ 옷을 걸고 삼손이 낸 수수께끼는? (14:14)

문제❹ 삼손의 행동이 불량한 것 같지만 누구로부터 온 것입니까? (14:19)

오늘의 묵상

나실인 삼손의 행동들이 불량해 보이고 이해가 되지 않지만, 그때마다 이 일이 하나님에게서 나온 것임을 기록하고 있습니다.
아마 삼손의 행동을 통해, 블레셋을 혼란스럽게 만들고 흔드시는 것 같습니다. 그렇게 조금씩 블레셋을 무너뜨려 가고 있습니다.

오늘의 적용

하나님 명령을 이해하기 어려울 때가 있습니까? 그때 어떻게 하십니까?

오늘의 기도

하나님께서 뜻을 이루어 가시도록 오늘도 순종하며 따르겠습니다.

사 · 사 · 기

15장

본문 소개

분노한 삼손이 집으로 돌아가자, 장인은 다른 남자에게 자기 딸을 결혼시켰고 삼손의 결혼은 실패로 끝났습니다. 이 사건으로 인해 딤나 여인의 집에 재앙이 임하게 되고 삼손은 결혼 실패를 통해 블레셋 사람들을 공격할 기회를 얻었습니다.

하나님은 삼손의 결혼을 통해 그를 구원자로 세우고 계셨습니다. 기도가 멈춘 이스라엘 민족을 구원하시기 위해, 하나님은 삼손의 실패한 결혼을 통해 전쟁의 기회를 만들고 블레셋을 흔들고 계셨습니다.

1. 아내를 찾아감(15:1-8)

삼손은 염소 새끼 한 마리를 가지고 아내를 다시 찾았습니다. 당황한 장인은 삼손에게 처제와 결혼을 제안합니다. 삼손은 장인의 제안을 거부하고 블레셋 사람들에게 복수를 선언했습니다(3절).

① 삼손은 여우 300마리를 잡아 두 마리씩 꼬리를 묶어 횃불을 달고 추수 중이던 블레셋 들판과 과수원을 다 불태웠습니다.

② 삼손이 왜 그런 일을 저질렀는지 이유를 알아낸 블레셋 사람들은 딤나로 가서 장인과 가족을 불태웠습니다(6절).

③ 삼손은 다시 복수의 명분을 얻었습니다(7~8절). 닥치는 대로 블레셋 사람들을 죽이고 유다 땅 에담 동굴에 피신했습니다.

2. 블레셋이 찾아옴(15:9-20)

삼손이 유다 땅에 있다는 소식을 듣고 블레셋은 유다를 동원하여 삼손을 체포하게 했습니다. 하나님께서 삼손을 통해 블레셋과의 전쟁 기회를 주셨지만, 유다는 보지 못했습니다. 유다 사람 3천 명이 삼손을 포위했습니다. 그 3천 명의 군대가 삼손과 함께 블레셋과 전쟁했더라면 하나님은 블레셋 손에서 이스라엘을 구원하셨을 것입니다.

① 삼손은 자수하고 체포되었지만(12~13절), 여호와의 영이 갑자기 임하셔서 나귀 턱뼈로 블레셋 사람 1천 명을 죽였습니다.

② 유다에게 아직 기회가 있었습니다. 이 엄청난 광경을 보고 유다가 삼손과 연합했다면 여호와께서 더 큰 승리를 주셨을 것입니다. 그러나 유다는 다시 기회를 잃었습니다.

③ 삼손은 그곳을 '라맛 레히' '턱뼈의 언덕'이라는 이름을 지었습니다. 목이 마른 삼손이 부르짖자, 하나님은 물이 솟아나게 하셨고 삼손은 다시 '엔학고레' '부르짖는 자의 우물'이라는 이름을 남겼습니다.

삼손이 이스라엘 사사로 20년을 지냈다고 마무리합니다.

성경 공부

문제❶ 자기 아내를 친구에게 준 사실을 안 삼손의 행동은? (15:4~5)

문제❷ 삼손을 넘기려고 유다 사람 몇 명이 삼손에게 왔습니까? (15:11)

문제❸ 결박을 끊고 나귀 턱뼈로 블레셋 사람 천명을 죽인 힘의 원천은? (15:14)

문제❹ 하나님이 샘을 터트려 삼손의 갈증을 해결해 주십니다. 삼손이 이 샘을 무엇이라 부릅니까? (15:19)

문제❺ 삼손은 몇 년 동안 이스라엘의 사사로 지냈습니까? (15:20)

오늘의 묵상

아내를 찾아간 삼손은 장인이 자기 아내를 다른 남자에게 주었음을 알게 됩니다. 이것을 이유로 추수 중이던 블레셋 사람들의 들판과 과수원을 불태웁니다. 그러자 블레셋은 장인과 가족들을 불태워 죽입니다. 이에 삼손은 다시 이것을 명분으로 삼았고, 하나님의 영이 임하자 나귀 턱뼈로 1천 명의 블레셋 사람을 죽입니다. 그럼에도 유다는 이 모든 일의 하나님 섭리를 깨닫지 못합니다.

삼손은 20년을 사사로 지냅니다.

오늘의 적용

하나님의 영이 강하게 일하시길 바라는 내 삶의 영역과 그 이유는?

오늘의 기도

말씀을 가까이하고 일상에서 하나님의 섭리에 민감한 자녀로 살겠습니다.

사 · 사 · 기

16장

본문 소개

유다 지파의 영적 둔함으로 블레셋을 칠 기회는 사라졌습니다. 딤나 여자를 통해 기회를 만들었던 삼손은 16장에서 두 여자를 통해 다시 기회를 만들었습니다. 가사의 창녀(16:1-3)와 들릴라(16:4-22)가 등장합니다. 삼손은 두 눈이 뽑히고 블레셋에 노예로 끌려가 굴욕을 당하다가 그가 평생 죽인 블레셋 사람들보다 더 많은 사람을 죽이며 죽어갑니다.

1. 가사의 창녀(16:1-3)

가사는 블레셋 다섯 도시 중 가장 남쪽에 있습니다. 삼손이 가사에 오자 블레셋 사람들이 그를 암살하려고 매복했습니다. 삼손은 한밤중에 성문 문짝과 두 문설주와 문빗장을 빼낸 후 60km가 넘는 유다 땅 중심부 헤브론 앞산 꼭대기로 가져갔습니다. 만일에 유다가 함께 블레셋을 쳤다면 지금쯤 블레셋은 이스라엘 앞에 굴복당했을 것입니다. 삼손의 퍼포먼스는 승리의 기념식이었습니다.

2. 소렉의 들릴라(16:4-22)

삼손의 이름은 '작은 태양'이며, 들릴라의 이름은 '밤의 여인'입니다. 블레셋 사람들은 들릴라를 통해 삼손이 가진 힘의 비밀을 알아내기 위해 각각 은 1,100 세겔을 약속합니다. 블레셋 다섯 방백이 5,500 세겔을 약속했습니다. 당시 노동자 1년 수입이 5~15 세겔 정도였습니다. 들릴라는 네 번 만에 삼손의 비밀을 알아냅니다.

① 마르지 않는 새 활줄 일곱 개로 묶어라(8~9절).

② 한 번도 사용하지 않은 새 밧줄로 묶어라(12~13절).

③ 자기의 머리 일곱 가닥을 베틀의 날실에 섞어 짜라(13~14절).

④ 결국 나실인의 비밀을 고백합니다. 머리카락을 잘린 삼손은 힘을 잃었고 하나님이 떠나셨습니다(20절). 블레셋은 삼손의 두 눈을 뽑고 가사로 끌고 갔습니다. 사슬에 묶인 삼손은 연자 맷돌을 돌리는 수모를 당했습니다.

3. 삼손의 죽음(16:23-31)

다곤 신 축제가 열렸습니다. 다곤 신은 블레셋 사람들의 곡물의 신입니다. 다곤 신이 삼손을 넘겨주셨다고 즐거워하며 삼손을 불러 재주를 부리게 했습니다. 나실인 사사의 치욕적인 시간이었습니다. 삼손은 기둥으로 안내해 주기를 요청하고 하나님께 간절한 기도를 드립니다(28절). 그리고 "블레셋 사람과 함께 죽기를 원하노라."(30절)라며, 그는 마지막까지 블레셋에서 이스라엘을 구원하기를 원했습니다.

성경 공부

문제❶ 삼손이 사랑한 소렉 여인의 이름은? (16:4)

문제❷ 들릴라의 끈질긴 요청에 삼손은 약점을 말합니다. 그 약점은? (16:17)

문제❸ 블레셋에 잡힌 삼손은 어떻게 되었습니까? (16:21)

문제❹ 다곤 신전에서 삼손이 마지막으로 하나님께 기도한 내용은? (16:28)

오늘의 묵상

블레셋이 가사에서 삼손을 죽이려고 매복했지만, 그 강한 힘으로 성 문짝과 문설주와 문빗장을 뽑아 헤브론 앞산 꼭대기까지 가져갑니다. 블레셋은 들릴라를 돈으로 매수해 네 번 만에 삼손의 비밀을 알아내고, 눈을 뽑고 연자 맷돌을 돌리는 수모를 안겨 줍니다.

블레셋은 다곤 신 축제장에서 자기들의 신을 찬양하며 삼손을 불러와 조롱거리로 삼을 때, 삼손은 하나님께 마지막 힘을 구하고 건물을 무너뜨려 자신도 함께 죽습니다. 생전에 죽인 사람보다 마지막에 죽인 사람이 더 많았습니다. 삼손은 블레셋에게서 이스라엘을 구원하기 위해 이렇게 쓰임 받았습니다.

오늘의 적용

그리스도인 모두는 주님의 증인으로 부름을 받았습니다. 지금 내가 맡은 직분으로 어떻게 그 사명을 감당하고 있습니까?

오늘의 기도

하나님께 구합니다. '저를 주님의 증인으로 사용하여 주옵소서.'

사 · 사 · 기

17장

본문 소개

두 개의 에피소드가 사사도 왕도 없는 시대에 일어났습니다. 종교적 부패가 17~18장에, 총체적 부패와 타락이 19~21장에 기록되었습니다.

이스라엘이 몰락하게 된 원인을 반복해서 말했습니다. “그때에는 이스라엘에 왕이 없어서 사람이 각자 자기 소견에 옳은 대로 행하니라.” (17:6, 18:1, 19:1, 21:25)

이스라엘 타락 배후에 타락한 레위인들이 있었습니다.

미가의 우상 사건이 17~18장에 전개되고 있습니다.

1. 미가의 타락(17:1-6)

사사기에서 에브라임 지파는 불평을 일삼는 사람들이었습니다. 에브라임 지파는 기드온 시대와 입다 시대에 어두운 흔적을 남겼습니다. 그 에브라임 땅에서 미가 라는 사람이 종교 혼합주의에 빠집니다.

미가 어머니가 은 1,100개를 잃어버리고 저주하자, 어머니의 저주가 두려웠던 미가는 훔친 은을 어머니께 돌려주었습니다. 어머니는 아들 미가가 저주를 피할 수 있도록 은을 여호와께 바치겠다고 했습니다(3절). 하나님께 바쳐서 신상을 만들고자 했습니다. 미가 가정은 하나님을 섬긴다고 했지만 다신 숭배자들이었습니다. 혼합종교의 실체가 그대로 드러나고 있습니다.

미가 가족은 하나님의 율법도 모르고, 하나님을 섬기는 법도 몰랐습니다. 개인 산당을 차리고 에봇과 드라빔 등 여러 우상을 소장했던 미가는 아들 중 하나를 제사장으로 삼았습니다(5절). 그들은 혼합주의 신앙으로 복을 받고 싶어 했습니다.

2. 레위인의 타락(17:7-13)

미가는 유다 베들레헴에서 온 레위인에게 1년에 은 10세겔과 숙식을 제공하기로 하고 개인 제사장으로 삼았습니다(9-10절). 레위인이 유다 베들레헴 출신이라는 사실은 유다 지파도 영적으로 타락했음을 보여주는 증거였습니다. 레위 지파 사람 중 아론의 후손들만 제사장이 될 수 있는데(출 28:1), 나중에 레위인의 신분이 아론의 후손이 아닌 것으로 밝혀졌지만(18:30) 미가는 그를 제사장으로 임명했습니다(12절). 그는 무자격 제사장이었습니다.

미가에게 제사장은 단지 행운을 가져오는 부적이었을 뿐입니다. 미신적 신앙으로 하나님의 복을 갈망했습니다.

오늘도 미가처럼 자기 소견에 옳은 대로 하나님을 믿고 복 받겠다는 사람들이 많습니다.

성경 공부

문제❶ 미가와 그 어머니는 십계명의 어떤 계명을 범하고 있습니까? (17:4~5)

문제❷ 미가가 만든 에봇과 드라빔은 무엇입니까? (17:5, 출 28:4, 창 31:34)

문제❸ 사람들이 자기 소견에 옳은 데로 행동했던 이유는? (17:6)

문제❹ 미가가 자기를 위해 누구를 세웁니까? (17:10)

문제❺ 미가가 제사장을 세운 뒤 고백한 말은? (17:13)

오늘의 **묵상**

사사도 지도자도 없는 때입니다. 이스라엘은 점점 몰락해 갑니다. 이는 신앙의 타락으로 인한 총체적 부패 때문입니다. 사람들은 저마다 자기 보기에 좋은 대로 행했습니다. 미가의 행적은 이스라엘 전체의 타락과 우상숭배를 보여주는 사건입니다. 여기에 레위인까지도 돈에 팔려 영적으로 타락했음을 보여줍니다.

오늘의 **적용**

하나님 방법이 아니라 지금 내 소견에 옳은 대로 행하고 있는 것은?

오늘의 **기도**

자기 소견에 옳은 대로 행하는 대한민국이 회개하게 하옵소서.

사 · 사 · 기

18장

본문 소개

미가의 우상숭배가 단 지파로 연결됩니다. 18장은 단 지파가 미가가 만든 우상과 제사장을 훔치고 타락하는 과정을 기록했습니다. 단 지파가 기업의 땅을 얻기 위해 찾아다니다가 라이스를 정복하게 되고 미가에게서 빼앗은 신상과 모세의 손자 요나단(미가의 개인 제사장)을 제사장으로 세웠습니다. 단 지파의 신상 숭배로 인해 이스라엘은 실로의 장막과 단 지파의 신상이 공존하게 됩니다. 성소와 우상의 공존 시대가 열렸습니다.

1. 단 지파의 정탐꾼(18:1-10)

여호수아는 단 지파에게 베냐민 지파 영토 서쪽 땅을 분배했습니다(수 19:40-48). 그러나 단 지파는 기업의 땅을 소유하지 못하고(삿 1:34-36) 다른 지파의 땅에서 살다가 거주지를 찾으려 다섯 명의 정탐꾼을 보냈습니다. 그들이 에브라임 지방을 돌아보다가 미가의 집에서 숙박하게 됩니다(2절). 레위인에게 하나님의 뜻을 물었고, 정탐꾼들은 레위인의 대답을 하나님의 복처럼 보고했습니다(10절). 라이스는 하솔과 함께 이 지역의 정치 중심지였습니다.

2. 단 지파의 라이스 정복(18:11-20)

정탐꾼의 보고를 듣고 단 사람들은 600명의 군대를 앞세워 라이스 정복에 나섰습니다. 그들은 기랏여아림을 지나 먼저 미가의 집에 갔습니다.

다섯 명의 정탐꾼과 600명의 단 지파 군인들은 미가의 우상들을 강탈했습니다. 에봇과 드라빔과 부어 만든 신상을 빼앗은 후 레위 사람에게 "한 집안의 제사장보다 한 지파의 제사장이 되는 것이 어떠냐?" 라고 제안하자, "제사장이 마음에 기뻐하여" 단 사람과 함께 떠났습니다. 레위 청년은 성공과 출세를 얻었습니다.

3. 미가를 협박함(18:21-26)

어머니의 돈을 훔쳤다가 만들게 되었던 신상을 단 지파가 가져갔습니다. 미가는 신상과 제사장을 통해 하나님 복을 기대했다가 배신만 당했습니다.

4. 단 지파의 라이스 정복(18:27-31)

미가의 신상과 제사장을 앞세워 단 지파 사람들은 라이스를 습격하여 정복합니다. 한가롭고 평화로운 백성을 칼로 죽이고 성을 불태웠습니다.

단 지파 사람들은 그 성읍을 '단'이라 부르고, '신상과 제사장'을 세워 이중 성소 시대를 열었으며, 그 땅이 포로로 끌려갈 때까지 지속되었습니다. 레위인은 그의 기대했던 대로 출세했습니다.

성경 공부

문제❶ 분배받은 땅을 단 지파가 아직 차지하지 못한 이유는? (18:1~2) (1:34)

문제❷ 정탐꾼이 "라이스"를 하나님이 주신 땅이라고 생각한 이유는? (18:7~10)

문제❸ 정탐꾼이 라이스에서 가져온 것은? 이것이 왜 심각한 죄입니까?
(18:14~20)

문제❹ 단 자손이 "라이스"를 점령하고, 그 이름을 어떻게 부릅니까? (18:27~29)

문제❺ 미가가 처음 만든 우상이 결국 어떤 결과를 가져옵니까? (8:30~31)

오늘의 묵상

단 지파는 땅을 분배받았음에도 아직 떠돌아다닙니다. 정탐꾼을 보내 땅을 찾다가 미가의 집에서 가짜 제사장의 말을 듣고 라이스를 정복합니다. 한가롭고 평화로운 백성들을 죽이고 성을 불태웠습니다. 미가의 우상들을 강탈하고 미가의 가짜 제사장 레위 청년을 자기 지파의 제사장으로 삼습니다.

개인의 우상이 한 지파를 타락시켜 갑니다.

오늘의 적용

우상숭배는 나를 넘어 가정과 국가를 타락시킵니다. 먼저 내 안에서 제거해야 할 우상은?

오늘의 기도

우리 민족에 가득한 우상숭배를 회개합니다. 제 삶의 우상도 불태우겠습니다.

사 · 사 · 기

19장

본문 소개

레위인 타락이 이스라엘 혼합종교 중심에 있었습니다. 하나님과 우상을 함께 섞은 종교 혼합주의는 사사도 없고 왕도 없는 시대에 급격한 윤리적 타락을 가져왔습니다.

17~18장이 단 지파에서 일어난 일이라면, 19~21장은 베냐민 지파에서 일어난 사건입니다. 한 레위인 첩이 기브아 거민에게 성폭력을 당하고 죽는 일로 인해, 이스라엘 온 지파가 베냐민 지파와 전쟁을 하게 됩니다. 그 중심에 타락한 레위인이 있습니다.

1. 레위인의 첩(19:1-9)

에브라임 산골에 살던 한 레위 사람이 베들레헴 여인을 첩으로 삼았습니다. 첩이 친정으로 돌아가자, 레위인은 첩을 찾으러 베들레헴으로 갔습니다. 장인의 극진한 대접을 받느라 떠날 시간이 계속 늦어졌습니다.

2. 기브아 사람들(19:10-21)

레위인은 첩을 데리고 베들레헴에서 약 10km 떨어진 여부스(예루살렘)에 도착했으나 이방인 도시라는 이유로 10km 더 떨어진 기브아에서 묵기를 원했습니다. 레위인에 대한 접대는 이스라엘 백성에게 거룩한 의무였기에 기브아를 선택했을 것으로 추측합니다(레 19:33-34). 그러나 기브아에서 아무도 접대하지 않았습니다. 다행히 에브라임 출신 노인이 레위인 일행을 맞이했습니다.

3. 윤리적 폭력(19:22-30)

성읍의 불량한 남자들이 노인의 집을 에워쌌습니다. 그들은 레위인에 대해 동성애 성적 요구를 하고 있었습니다. 소돔과 고모라에서 일어난 일이 이스라엘 중심부 기브아에서 일어나고 있었습니다. 종교적 부패가 사회윤리에 어떤 타락을 가져오는지를 보여주었습니다. 노인은 자기의 딸과 레위인의 첩을 내어주겠다고 했으나 거절당했습니다. 비열한 레위인이 자기 첩을 내어주었고 버림받은 첩은 밤새 고통을 당하다가 노인의 집 문 앞에서 죽었습니다.

레위인은 첩의 시체를 열두 토막을 내어 이스라엘 열두 지파에게 보냈습니다. 토막 시체가 전쟁 선포가 되었습니다(29~30절).

4. 사람들이 자기 소견에 옳은 대로 행하더라.

히브리어 성경엔 '사람'이 아니라 '남자'로 쓰고 있습니다. 기브아 사건은 남자들이 '제멋대로, 자기가 옳은 대로' 행동한 결과입니다. 제멋대로인 남자들에 의해 여자는 희생의 대상이 되었습니다.

성경 공부

문제❶ 이스라엘에 무엇이 없었다고 강조하고 있습니까? (19:1)

문제❷ 레위 사람에게 누가 있었습니까? (19:1)

문제❸ 레위인의 행동에서 하나님 말씀을 벗어난 것은? (19:2~3)

(참조 : 레 21:7, 신 22:22)

문제❹ 기브아의 노인이 보여준 행동의 교훈은? (19:20)

문제❺ 레위인은 왜 이런 행동을 했습니까? (19:29)

오늘의 묵상

레위인의 타락이 이스라엘 공동체에 영적, 윤리적 타락을 가져왔음을 보여줍니다. 레위인과 첩의 행동은 하나님 백성의 모습이 아닙니다. 기브아에서의 사건은 종교적 부패가 사회윤리에 어떤 타락을 가져오는지 극명하게 보여주는 사건입니다. 하나님을 두려워하지 않는 사회가 가지는 모습입니다.

오늘의 적용

왕 같은 제사장인 우리의 영적 책임과 역할이 얼마나 중요합니까?

오늘의 기도

하나님 자녀로서 영적, 사회적 책임과 사명도 다하겠습니다.

사·사·기

20장

본문 소개

한 여자의 토막 시체로 인해 이스라엘 총회가 모였습니다. 미스바 총회에서 레위인의 거짓된 증언을 듣고 흥분한 이스라엘 지파들이 베냐민 지파와 피의 전쟁을 벌여 대학살을 저질렀습니다. 그 전쟁으로 한 지파가 사라질 위기에 처하자 베냐민 지파를 살려내기 위해 여자들을 납치하게 됩니다(21장).

1. 미스바 총회(20:1-11)

이스라엘 모든 지파가 미스바에 모였습니다. 칼을 찬 보병의 숫자가 40만 명. 레위인은 자신이 당한 일을 거짓으로 꾸며내었습니다. "기브아 사람들이 자신을 죽이려 했고, 자기의 첩을 욕보여서 그녀가 죽었다"라고 말했습니다(4~5절). 이 사람 레위인은 타락한 종교인이었습니다.

2. 베냐민 반응(20:12-17)

이스라엘 총회는 베냐민 지파에게 이 일을 일으킨 불량배들을 넘겨 달라고 요구합니다(13절). 베냐민 지파는 제안을 거절하고 전쟁을 준비했습니다. 베냐민은 나쁜 결정을 했습니다.

베냐민 군대는 특수훈련을 받은 700명과 병사 2만 6천 명이 모였습니다. 불량배를 내주었으면 해결될 문제가 결국 지파 전쟁으로 커지고, 베냐민 지파는 사라질 위기에 처하게 됩니다.

3. 첫 번째 전투(20:18-21)

벧엘에 언약궤가 있었고 비느하스가 제사장으로 있었습니다(27~28절). 이스라엘은 하나님께 전쟁에 대해 질문을 하고 있지만 잘못된 질문이었습니다. 베냐민과 전쟁을 해도 좋을지를 질문했어야 하는데, 이미 전쟁은 결정해 놓고 누가 먼저 가야 할지를 물었습니다. 하나님은 '유다'라고 대답하셨지만 패배하게 하셨습니다. 패배를 통해 이스라엘은 하나님의 대답하신 이유를 깨달았어야 했습니다.

4. 두 번째 전투(20:22-25)

2만 2천 명이 사망한 후 다시 벧엘에 올라가 질문했습니다. 이번에도 질문하고 전쟁을 준비한 것이 아니라 전쟁을 준비하고 하나님께 질문했습니다. 하나님은 '올라가라'라고 말씀하셨지만, 다시 패하게 하셨습니다.

5. 세 번째 전투(20:26-48)

두 번의 전쟁에서 이스라엘 총회는 4만 명이 희생당했습니다. 그리고 하나님께 드리는 질문이 바뀌었습니다. "내 형제 베냐민과 싸워야 하겠습니까?" 이제야 하나님의 섭리에 자신을 맡겼습니다. 하나님은 베냐민 지파를 심판하셨습니다. 베냐민 생존자는 겨우 600명이었습니다.

성경 공부

문제❶ 이스라엘 백성들이 미스바에 모인 이유는? (20:1~3, 참고 8~9절)

문제❷ 이스라엘 백성들이 전쟁에서 어떻게 됩니까? (20:23, 25)

문제❸ 연이어 패배의 실패를 하게 하신 이유는? (20:26, 28)

문제❹ 베냐민을 심판하십니다. 패배 원인을 찾아봅시다. (20:32, 39)

오늘의 묵상

레위인의 거짓말이 이스라엘 전체에 심각한 타격을 줍니다. 한 사람의 거짓말에 이스라엘 총회가 흥분하여 영적 판단이 흐려졌고, 베냐민 지파도 잘못을 깨닫지 못하고 악인들을 옹호하는 죄를 범합니다. 하나님께 묻지 않고 형제간의 전투가 벌어집니다. 싸울 준비를 다 마치고 하나님께 형식적으로 물을 뿐입니다. 하나님은 여러 차례 양쪽에 깨달을 기회를 주시지만 깨닫지 못합니다.
결국 많은 사람이 죽은 후에야 하나님의 뜻을 묻게 되고, 하나님은 베냐민 지파를 심판하십니다.

오늘의 적용

하나님 뜻을 살피기 전에 행동했다가 있었던 일의 사례는?

오늘의 기도

하나님 자녀들과 한국교회가 하나님 뜻을 바로 분별하게 하옵소서.

사 · 사 · 기

21장

본문 소개

기브아 불량배 몇 명을 처형하는 것으로 이스라엘의 악을 끊을 수 있었던 사건이, 베냐민 지파 남자들의 잘못된 결정으로 이스라엘에 많은 피를 뿌리는 참혹한 전쟁이 되고 말았습니다.
악한 선택으로 베냐민 지파에 남은 남자들의 숫자는 600명뿐입니다. 베냐민 지파 모든 여자가 다 죽임을 당했습니다(20:48). 한 여인의 잘못된 죽음과 나쁜 의도가 베냐민 지파 모든 여인의 죽음을 가져왔습니다.

1. 미스바 맹세(21:1-7)

전쟁이 끝난 후 이스라엘 백성들은 미스바에서 자기의 딸들을 베냐민 사람들과 결혼시키지 말자고 맹세했었습니다(1절). 그리고 벧엘에 올라가 한 지파가 멸절한 것에 대해 하나님 앞에 통곡했습니다(2~3절).
베냐민 지파에 대한 분노로 시작된 전쟁에 대해 백성들이 후회했습니다(6, 15절). 열두 지파에 대한 하나님 언약이 손상될 위기를 깨달았기 때문입니다.
그들은 제단을 쌓고 번제와 화목제를 드린 후 베냐민 지파 살리기 계획을 세우게 됩니다. 이미 딸들을 주지 않기로 맹세했기에 다른 방법이 필요했습니다.

2. 야베스 길르앗(21:8-15)

또 다른 미스바 맹세가 있었습니다. 전쟁에 참가하지 않은 사람들을 죽이겠다는 맹세였습니다. 야베스 길르앗이 총회에 참석하지 않았습니다. 12,000명 군대를 보내 다 죽이고 처녀 400명을 생포하여 데려왔습니다.

베냐민 지파를 멸종 위기에 빠뜨리더니 이번엔 야베스 길르앗을 진멸시켰습니다. 이스라엘 총회는 베냐민 지파에게 사신을 보내어 화평을 선언하고 야베스 길르앗 처녀 400명을 주었습니다. 죄는 또 다른 죄를 낳고 실수는 또 다른 실수를 가져옵니다.

3. 실로 처녀 납치(21:16-25)

아직도 처녀 200명이 부족합니다. 또 다른 계획을 세웠습니다. 실로에서 매년 여호와의 축제가 열렸는데 베냐민 남자들이 숨어 있다가 실로의 처녀들이 춤추러 나오면 납치하도록 했습니다(21절).

실로는 에브라임에 속한 성읍으로 베냐민 지파에게 딸을 줄 수 없지만 납치된 딸들은 맹세와 상관없다고 해석했습니다(22절). 이 모든 일들이 "남자들이 자기 소견에 옳은 대로" 행한 결과였습니다.

사사도 없고 왕도 없는 시대에서, 두 레위인으로 인해 단과 베냐민 지파에 커다란 손상을 가져왔습니다.

성경 공부

문제❶ 이스라엘 백성들은 베냐민에 대해 어떤 맹세를 합니까? (21:1)

문제❷ 이스라엘의 탄식이 옳습니까? 무엇이 잘못되었습니까? (21:2~4)

문제❸ 이스라엘이 위기에 처한 베냐민을 향해 가진 마음은? (21:5~7)

문제❹ 베냐민 지파를 위해 실행에 옮긴 방법이 옳습니까? (21:8~24)

문제❺ 사사기에서 보여준 이스라엘의 실패 원인은 무엇입니까? (21:25)

오늘의 묵상

잘못된 분노와 판단과 결정으로 시작된 전쟁의 결과에 대해 이스라엘은 후회합니다. 그러나 다시 잘못된 행동으로 이번에는 '야베스 길르앗'을 진멸합니다. 죄를 덮기 위해 또 다른 죄를, 실수를 덮기 위해 또 다른 실수를 연이어 만들었습니다. 이 모든 잘못과 죄악은, 왕 되신 하나님을 거절하고 사람들(남자들)이 자기 소견에 옳은 대로 행했기 때문이었습니다.

오늘의 적용

사람의 지혜와 지식은 불완전합니다. 그래서 우리는 하나님 뜻을 묻는 것입니다. 나는 이 사실에 동의하십니까?

오늘의 기도

우리나라가 하나님 말씀이 없고 그 말씀을 왜곡하여 고난을 겪고 있습니다. 하나님 자녀인 저부터 말씀으로 돌아가겠습니다.

룻기

Ruth

룻기 소개

룻기서는 사사기와 사무엘서 사이에 있는 따뜻한 책입니다.

구약 성경 중, 사랑의 힘을 가장 확실하게 보여주는 책으로 한 평범한 가정에서 일어난 사건을 통해, 하나님께서 어떻게 구속의 역사를 이끌어가고 계신가를 보여주고 있습니다.

룻은 모압 여인입니다. 이방 여인의 이름이 성경책에 중심인물처럼 기록된 것은 룻기가 유일합니다. 룻기의 중심인물은 나오미와 보아스입니다. 룻은 구약의 선한 사마리아인으로 불리며 베들레헴의 여인들로부터 "일곱 아들보다 귀한 며느리"(4:15)라고 인정받았습니다.

룻은 다윗의 조상이 됩니다. 예수님의 족보에 그 이름을 남긴 이방 여인이었습니다.

룻 · 기

1장

본문 소개

룻기는 4장 85절로 이루어진 이야기입니다. 룻은 '동반자, 친구'의 뜻이며 보아스와 룻에서 태어난 오벳이 다윗의 할아버지였습니다.
룻기는 한 가정을 통해 하나님의 구속사를 성취해 가시는 하나님의 주권을 찬양하는 책입니다. 룻기에 등장하는 사람들은 하나님을 찬양했습니다(2:12, 2:20, 3:10, 3:13, 4:14).
룻기의 배경은 사사시대입니다(1절). 종교적으로 암울한 시대에 하나님을 경외하는 경건한 사람들이 있었습니다.

1. 엘리멜렉 가정(1:1-5)

유다 베들레헴 에브랏에 살던 엘리멜렉 가족이 기근을 피해 모압으로 이주했습니다.
엘리멜렉의 이름은 '나의 하나님은 왕이시다'라는 뜻이며, 나오미는 '유쾌함', 말론은 '병든', 기룐은 '연약'이라는 뜻을 가졌습니다. 기근을 피하려고 떠났던 가족은 모압에서 죽음에 휩싸였습니다. 남편이 죽은 후 두 아들이 모압 여인과 결혼하고 10년 후, 두 아들도 죽고 나오미에겐 오르바와 룻, 두 며느리만 남았습니다.

2. 나오미와 며느리(1:6-18)

엘리멜렉 집안이 자손 없이 가문이 끊어지게 되었습니다. 나오미가 다시 고향 베들레헴으로 돌아갈 결심을 하게 된 것은 하나님의 긍휼 때문입니다(6절). 세 과부만 남은 상황에서 나오미는 며느리에게 선택과 결정의 기회를 주었습니다. 나오미는 율법의 계대결혼법(11~13절)을 설명하며 며느리를 설득하고 모압에 남을 것을 권면했습니다.

① 첫 단계 : 오르바가 동족에게 돌아감(8~14절).

② 두 번째 단계 : 룻의 동행을 나오미가 허락함(15~18절).

나오미는 두 며느리에게 두 가지 복을 빌었습니다. 하나님이 너희에게 인애(헤세드)를 베풀어 주시길 원한다(8절). 새 남편을 만나 행복한 가정을 이루게 하시기를 빈다(9절) 였습니다.

오르바는 떠나고 룻은 나오미를 붙잡았습니다(16~17절). 룻은 시어머니의 하나님을 선택함으로 언약의 백성이 되었습니다.

3. 베들레헴 귀환(1:19-22)

나오미와 룻이 베들레헴으로 돌아왔습니다. 10년 만에 돌아온 나오미를 바라보는 마을 사람들에게 나오미(즐거움)는 자신을 마라(괴로움)라고 부르라고 고백합니다.

"10년 전에 가득했던 내 삶을 이제 모두 잃어버리고 텅 비었다"라고 말했습니다. 그러나 나오미에게 룻이 있었습니다.

성경 공부

문제❶ 엘리멜렉의 가족이 모압 땅으로 이주하게 된 원인은? (1:1~2)

문제❷ 나오미가 고향 베들레헴으로 돌아가기로 결심한 이유는? (1:6)

문제❸ 나오미가 며느리들에게 친정으로 돌아가라고 한 이유는? (1:6~14)

문제❹ 룻이 나오미를 따르며 고백한 말은? (1:15~18)

문제❺ 나오미와 룻이 베들레헴에 돌아온 시기는? (1:22)

오늘의 묵상

'베들레헴'은 '빵의 집'입니다. 먹거리가 풍족해야 할 땅에 먹을 것이 없어서 '기쁨', '나의 감미로움'이란 뜻의 '나오미'란 이름을 가진 여인이 가지 말아야 할 땅에 갔습니다. 그곳에서 남편과 두 아들을 잃게 됩니다. 나오미는 고향으로 돌아갈 결심을 하고, 며느리들에게 친정으로 돌아가라고 권합니다. 그렇지만 룻은 어머니가 섬기는 하나님을 따라 나오미와 동행하고 베들레헴으로 옴으로 언약의 백성이 됩니다.

오늘의 적용

룻의 행동을 보면서 그리스도인의 선택에 대해 써 봅시다.

오늘의 기도

다윗의 고백처럼 여호와 하나님이 나의 목자이심을 고백합니다.

룻 · 기

2장

본문 소개

베들레헴 여자들은 나오미의 10년 만의 귀환과 그가 겪은 비극적 상황으로 인해 놀랐습니다. 나오미는 자신이 겪었던 모든 불행이 하나님의 징계 때문이라고 말하고 있지만, 인간의 선택 실수를 하나님은 그분이 일하시는 때로 만들어 가시는 분이셨습니다.

나오미와 룻이 돌아온 시기는 보리 추수 때였으며 하나님께서 보아스와 룻이 만날 수 있는 환경을 준비하고 계셨습니다.

1. 보아스(2:1-3)

나오미의 친척 중에 유력한 사람이 있었는데 보아스였습니다. '유력한 자'는 부자, 명성이 있는 사람입니다. 그를 통해 하나님의 섭리가 작동되기 시작합니다. 룻은 생계를 위해 이삭을 주우러 갑니다. 이스라엘은 과부와 가난한 사람을 위해 추수의 일부를 남겨두었습니다(신 24:19-22).

룻은 이삭을 줍다가 우연히 보아스의 밭에 이르게 됩니다.

2. 룻과 보아스(2:4-16)

하나님은 '우연히' 우리의 발걸음을 인도하시는 분이십니다. 룻과 보아스가 만났습니다.

① 보아스와 일꾼들(2:4-7). 보아스가 일꾼들을 격려하기 위해 밭을 방문했습니다. 서로 축복의 인사를 나눈 후, 보아스가 룻에 대해 질문을 하자 일꾼들이 보아스에게 룻에 관해 설명합니다.

② 보아스와 룻(2:8-14). 보아스는 룻을 불러 격려하며 헤세드를 베풀었습니다(8절). 보아스는 룻의 보호자가 되기를 자원했습니다. 자기 밭에서 떠나지 말 것을 권면했습니다. 사실 보아스는 이미 룻에 대해 들어 알고 있었습니다(11절). 그녀의 아름다움을 보았고 룻의 착함을 확인했습니다. 보아스는 하나님이 룻의 신앙적 결단과 착한 행실을 보상하시고 보답하실 것을 축복했습니다(12절).

③ 일꾼들에게 명령함(2:15-16). 룻에게 점심을 대접한 후에 보아스는 일꾼들에게 가장 좋은 자리에서 이삭을 줍도록 배려하고 수치를 당하게 하지 말 것을 당부했습니다.

3. 나오미와 보아스(2:17-23)

룻이 하루 종일 성실하게 얻은 곡식을 가지고 집에 돌아왔습니다. 두 여인이 5~7일 정도 먹을 수 있는 양이었습니다. 많은 곡식에 놀란 나오미는 룻에게서 보아스에 관해 이야기를 들었습니다. 나오미는 그가 기업을 무를 자 중 한 사람임을 말해 주었습니다. 하나님은 '우연히, 마침'이라는 상황을 통해 하나님의 계획을 성취하고 계십니다.

성경 공부

문제❶ 룻이 나오미에게 무엇을 허락해 달라고 구하고 있습니까? (2:2)

문제❷ 룻이 이삭을 줍기 위해 우연히 누구의 밭에 가게 됩니까? (2:3)

문제❸ 보아스가 밭을 찾아 일군들에게 한 행동은? (2:4)

문제❹ 보아스가 룻에게 베푼 친절을 써 봅시다. (2:8~16)

문제❺ '기업 무를 자' 의미를, 레 25:23~28절을 참조해서 써 봅시다. (2:20)

오늘의 묵상

룻은 양식을 위해 이삭 줍는 일을 시어머니에게 허락받고 갔다가 우연히 보아스의 밭에서 줍게 됩니다. 마침 일군들을 축복하기 위해 밭을 찾은 보아스와 룻이 만나게 됩니다. 보아스는 이미 룻의 성품에 대해 들었고, 일군들에게 룻을 배려해 주도록 당부합니다. 집으로 돌아온 룻에게서 보아스의 이야기를 들은 나오미는, 보아스가 기업 무를 자 중 한 사람이라는 것을 말해 줍니다.

오늘의 적용

하나님이 나를 인도하심을 믿으십니까? '우연히' '마침'과 같은 경험이 있습니까?

오늘의 기도

하나님께는 우연이 없고 제 삶이 하나님 손에 있음을 믿으며 맡깁니다.

룻 · 기

3장

본문 소개

기업 무를 자는 '잃어버린 기업을 되찾아 주는 구속자'를 말합니다 (레 25:25). 룻은 이삭을 줍다가 보아스를 만났습니다. 3장에서 세 사람이 서로에게 하나님의 자비와 구원을 베풀고 있습니다. 나오미의 대를 잇기 위한 노력이 하나님의 때를 분별하며 진행되고 있습니다. 하나님이 하실 일을 찾았습니다.

1. 나오미의 계획(3:1-5)

보아스가 룻에게 베푼 호의를 확인한 나오미는 룻의 미래를 위해 재혼을 계획했습니다. 나오미는 룻에게 결혼하는 신부처럼 목욕하고, 향수를 바르고, 고운 옷을 입고 보아스가 잘 때까지 기다렸다가 그의 옆에 누우라고 지시했습니다. 밤에 찾아간 것은 보아스가 거절했을 때, 룻의 수치를 감춰주기 위함이었습니다. 하나님의 때가 되면 믿음으로 행동해야 합니다. 하나님이 기회를 주셨을 때 순종하고 따라야 합니다.

2. 계획의 추진(3:6-15)

룻은 밤을 기다렸다가 보아스를 찾아갔습니다(7절). 보아스에게 룻은 청혼합니다. "당신의 옷자락을 펴 당신의 여종을 덮으소서" 보아스는 룻에게 여호와의 날개를 축복했는데(2:12), 룻은 보아스에게 옷자락이 되어주기를 요청합니다. 날개와 옷자락은 같은 단어입니다.

① 청혼하는 이유. "당신이 기업을 무를 자가 되니이다"(9절). 기업 무를 자는 죽은 자의 재산을 되찾아 주는 자를 의미합니다. 결혼의 목적이 죽은 남편의 집안 명예와 기업을 위한 목적임을 분명하게 말했습니다. 룻은 신실하게 하나님의 뜻을 따랐습니다.

② 보아스의 약속(3:10-15). 보아스는 룻의 행동을 칭찬하고, 자기의 행복보다(젊은 여자의 삶), 나오미의 안위를 위한 결정임을 알고 감동했습니다. 룻의 행동을 헤세드로 표현했습니다(10절).

보아스는 기업 무를 권한에 있어서 우선권을 가진 사람이 있다는 것을 알려주고(12절), 그가 포기하면 기업 무를 책임을 지겠다고 약속하고 맹세했습니다. 그리고 곡식을 주고 누군가를 만나더라도 의심받지 않도록 배려해 주었습니다(15절).

3. 계획의 성취(3:16-18)

"내 딸아 어떻게 되었느냐?" 룻은 보아스의 말을 다 전하고 보아스가 준 보리를 보여주며 시어머니를 끝까지 돌볼 것을 약속합니다. 두 사람은 모든 최선을 다했고, 이제 하나님이 하시는 일을 기다려야 합니다.

성경 공부

문제❶ 나오미가 며느리 룻의 미래와 안식을 위하여 제안한 것은? (3:1~5)

문제❷ 룻이 보아스의 발끝에 누운 이유는? (3:6)

문제❸ 룻이 보아스에게 강조한 말은? (3:9)

문제❹ 보아스가 룻의 요구를 들어주겠다는 의미로 한 행동은? (3:14~18)

문제❺ 룻의 이야기를 들은 나오미의 고백은? (3:18)

오늘의 묵상

나오미는 룻의 재혼을 계획합니다. 룻을 단장시키고 보아스에게 밤에 보냅니다. 룻은 보아스에게 '당신이 기업 무를 자'임을 분명하게 말하자, 보아스는 자기 앞에 우선권을 가진 사람이 권리를 포기하면 자기가 책임을 질 것을 약속합니다. 돌아온 룻에게서 모든 과정을 들은 나오미는 우리 역할은 다했으니 이제 하나님께서 하실 일을 기다리자는 믿음의 고백을 합니다.

오늘의 적용

나는 하나님이 일하실 때를 잘 기다립니까? 아니면 서두릅니까?

오늘의 기도

늘 하나님 뜻(말씀)을 따르고 하나님보다 앞서지 않겠습니다.

룻 · 기

4장

본문 소개

룻기의 사람들은 하나님의 주권에 복종하는 순종과 서로에 대한 헤세드(긍휼)를 가진 사람들이었습니다. 룻기의 마지막 무대가 펼쳐집니다. 모압–베들레헴–보아스의 밭–타작마당에 이어 성문이 무대가 됩니다. 보아스가 룻과 결혼하려면 나오미의 기업 무를 자 순위에서 우선권을 가진 친척을 해결해야 합니다.
보아스는 정하신 방법을 순종하며 하나님 뜻을 성취하고 있습니다.

1. 보아스의 성문 재판(4:1-12)

보아스는 기업 무를 자의 권리를 확보하기 위해 성문에 앉았습니다. '마침' 기업 무를 자 우선권을 가진 사람이 지나가고 있었습니다. 하나님은 모든 우연적 상황에서 하나님 섭리를 이끌고 계셨습니다.

① 재판 : 10명의 공동체 인원을 확보하고 재판을 열었습니다.

② 법정 기록(4:3-8). 상속자를 남기지 못하고 죽은 사람의 유산 처리 절차, 자식 없이 혼자 된 친족의 아내에 대한 규례에 관해 설명한 후에 우선권을 가진 사람에게 선택을 요구했습니다. 그는 엘리멜렉의 밭을 사겠다고 했다가 룻과 결혼문제가 나오자 곧 취소했습니다. 그는 계산적인 사람이었습니다.

③ 룻과의 결혼을 확정함(4:9-12). 보아스가 룻과 결혼하여 그 집안의

이름이 끊어지지 않게 하겠다고 선언하자 모든 장로와 백성들이 증인임을 선언하고 보아스와 룻을 세 가지로 축복했습니다. 첫째. 룻을 이스라엘 족장들의 어머니 레아와 라헬처럼 최고의 지위로 축복했습니다. 둘째. 보아스가 하나님의 복을 받아 온 세상에서 기념되는 명예를 기원했습니다. 셋째. 다말이 유다에게 낳아준 베레스 집안처럼 보존되기를 축복했습니다.

2. 보아스와 룻의 결혼(4:13-17)

보아스가 룻과 결혼하여 아들을 낳았습니다. 남자들이 모두 죽어버린 엘리멜렉 집안이 다시 회복되었습니다. 동네 여자들이 나오미를 위로했습니다. 새로 태어난 아이를 나오미에게 생명의 회복자, 노년의 봉양자(15절)로 축복하고, 룻에게 "일곱 아들보다 더 나은 며느리"로 칭찬했습니다. 나오미의 새 삶이 시작되었습니다. 아이의 이름을 오벳으로 지었습니다. 오벳은 '섬기는 자'라는 뜻입니다.

3. 다윗의 계보(4:18-22)

계보가 10대로 구성되었고 보아스와 룻의 결혼을 통해 다윗의 계보가 완성되었습니다.

성경 공부

문제❶ 기업 무를 자가 자신의 권리를 포기한 이유는? (4:5~6)

문제❷ 권리를 포기하겠다는 의사를 어떻게 표현했습니까? (4:7~8)

문제❸ 상속권을 양도받은 보아스가 참관인들에게 한 말은? (4:9~10)

문제❹ 참관인들이 룻에게 어떤 말로 축복했습니까? (4:11~12)

문제❺ 룻이 나오미에게 낳아준 아들의 이름은? 그는 누구의 조부가 되었습니까? (4:17)

오늘의 묵상

보아스는 룻과의 약속을 지키기 위해 '고엘' 제도에 관한 재판을 열었습니다. 우선권을 가진 사람이 권리를 포기하자, 보아스가 엘리멜렉의 가문의 대를 이어가겠다고 말함으로 보아스와 룻의 결혼이 확정됩니다.

장로들과 백성들은 보아스와 룻을 축복합니다. 룻이 아들을 낳으므로 엘리멜렉 집안이 회복되었습니다.

아이 이름을 '오벳'으로 지었고, 보아스와 룻의 결혼으로 다윗의 계보가 완성됩니다.

오늘의 적용

보아스처럼 하나님 뜻을 위한 믿음의 희생과 순종이 필요한 곳이 있습니까?

오늘의 기도

세상이 하나님이 정하신 뜻과 방법으로 사는 곳으로 변화되길 기도합니다.

여호수아 모범답안지

1장

❶ 여호수아 / 너는 이 백성과 더불어 내가 주는 땅으로 가라

❷ 너희 발바닥으로 밟는 모든 곳, 광야와 레바논에서부터 해지는 쪽 대해까지

❸ 하나님이 함께 하시기 때문

❹ 율법책을 항상 입에 두고 / 주야로 묵상하고 / 다 지켜 행하는 것

❺ 순종

2장

❶ 여리고 / 그 땅을 주셨기에

❷ 라합, 하나님 여호와는 위로는 하늘에서도 아래로는 땅에서도 하나님이시다.

❸ 자신과 가족들의 구원을 위해서

❹ 여호와께서 인자하고 진실하게 너희를 대우하시리라

❺ 약속을 이루시는 하나님 / 대적의 간담을 녹이시는 하나님

3장

❶ 사흘

❷ 언약궤 뒤를 따르라, 언약궤와 거리는 이천 규빗쯤 되게 하고 가까이 말라.

❸ 자신을 성결하게 하라

❹ 여호수아를 높이심, 모세처럼 여호수아와 하나님이 함께하심을 보여주시려고

❺ 흐르던 물이 그쳐 한곳에 쌓이고 아라바 바다 염해로 흘러가는 물은 온전히 끊어져 마른 땅처럼 건넜다.

4장

❶ 이스라엘 자손들의 지파 수에 맞춘 숫자

❷ 요단 물이 여호와의 언약궤 앞에서 끊어졌고, 언약궤가 요단을 건널 때 강이 갈라진 것을 이스라엘 자손들에게 알려주기 위한 기념비

❸ 모세

❹ 길갈

❺ 백성에게 여호와의 손이 강하심과 하나님 여호와를 항상 경외하기를 원하심

5장

❶ 출애굽 1세대는 모두 죽었고, 2세대는 광야에서 할례를 받지 못했기 때문

❷ 길갈('굴러갔다'라는 뜻)

❸ 유월절

❹ 이스라엘 백성들이 40년 동안 먹은 만나가 그치고 가나안의 소출을 먹음

❺ 네 발에서 신을 벗으라. 호렙산에서 하나님이 모세에게 하신 말과 같음

6장

❶ 양각 나팔을 잡은 일곱 제사장은 언약궤 앞에서 나팔을 불며 행진하고, 후군은 아무 소리도 내지 않고 언약궤 뒤를 따라간다.
하루에 한 바퀴씩 6일을 도는데, 이때 나팔을 불되 사람들은 어떤 소리도 내어서는 안 된다. 일곱째 날은 일곱 바퀴를 돈 뒤 제사장들이 나팔을 불 때 백성들이 소리 질러 외치면 성이 무너진다.

❷ 라합의 가족들(라합, 부모, 형제와 속한 모든 것과, 그의 친족들)

❸ 절대로 취하지 말고 전부 하나님께 온전히 바쳐라.
은, 금, 동, 철은 여호와께 구별될 것이니 여호와의 곳간에 들여라.

❹ 하나님

7장

❶ 유다 지파 갈미의 아들 아간이 하나님께 온전히 바쳐진 물건 중 몇 가지를 가졌기 때문

❷ 아이 성은 작고 소수이니 이삼천 명만 올라가 성을 치게 하소서.
가나안땅에서 처음으로 전쟁에서 패배하고 36명이 사망함

❸ 그 사람을 찾아 불사르고 그와 그의 모든 소유를 불살라라.
여호와의 언약을 어기고 이스라엘 가운데에 망령된 일을 하였기 때문

❹ 시날 산의 아름다운 외투 한 벌, 은 이백 세겔, 무게가 오십 세겔 되는 금덩이 하나

❺ 아골 골짜기

8장

❶ 아이 왕과 그의 백성과 그의 성읍과 그의 땅 즉 아이 성 모든 것을 여호수아의 손에 넘겨주셨음을 약속하심

❷ 탈취할 물건과 가축을 스스로 가지게 하심

❸ 에발 산에 단을 쌓음

❹ 번제와 화목제

❺ 그리심 산에 있는 자들 : 율법을 순종하여 축복받는 자 의미
에발 산에 있는 자들 : 율법을 불순종하여 저주받는 자 의미

9장

❶ 먼 나라에서 온 사신처럼 꾸몄다.

❷ 여호와께 묻지 않았기 때문에

❸ 히위 족속을 살려주겠다고 여호와의 이름으로 맹세했기 때문에

❹ 그들이 히위 족속을 살려주겠다고 여호와의 이름으로 맹세했기 때문에

❺ 여호와의 택하신 곳에서 회중과 여호와의 제단을 위해 나무를 패며 물 긷는 자가 됨

10장

❶ 기브온이 이스라엘과 화친하였기 때문에

❷ 모든 군사와 용사와 함께 기브온을 도우러 갔다.

❸ "그들을 두려워하지 말라 내가 그들을 네 손에 넘겨주었으니 그들 중에 한 사람도 너를 당할 자가 없으리라!"

❹ 여호와께서 그들을 이스라엘 앞에서 패하게 하셨다.

❺ 태양과 달이 멈추게 해달라고 구하였고 하나님께서 응답하셨다.

11장

❶ 해변의 모래같이 많고 말과 병거도 심히 많았다.

❷ 이스라엘 백성이 전쟁할 때 적군의 강한 무기인 말과 병거를 의지하지 않고 하나님 말씀만 믿고 순종할 수 있도록

❸ 기브온 주민 히위 족속

❹ 아낙 자손

❺ 점령한 온 땅을 이스라엘 지파별로 구분하여 기업으로 줌

12장

❶ 아르논 골짜기에서 헤르몬산까지의 동쪽 모든 아라바를 차지함

❷ 아르논 골짜기가의 아로엘에서 얍복 강까지 / 아모리 족속의 왕 시혼

❸ 서쪽 레바논 골짜기의 바알 갓에서부터 세일로 올라가는 곳 할락산까지

❹ 여리고

❺ 31명(남부 가나안 16명, 북부 가나안 15명)

13장

❶ 에브라임, 므낫세 반, 베냐민, 시므온, 스블론, 잇사갈, 아셀, 납달리, 단

❷ 하나님께서 아브라함에게

❸ 그술 사람, 마아갓 사람

❹ 므낫세 반, 르우벤, 갓

14장

❶ 제사장 엘르아살, 여호수아, 각 지파의 족장들, 제비뽑기

❷ "거할 성읍들과 가축과 재산을 위한 목초지"

❸ 하나님 여호와께 충성하였기 때문에

❹ 가데스 바네아, 네 발로 밟는 온 땅은 영원히 네 자손의 기업이 되리라

❺ 산지, 아낙 사람(거인)들이 거주하는 크고 견고한 성읍으로 옛 이름은 기럇아르바

15장

❶ 에돔 경계에 이르고 남쪽 끝은 신 광야, 남쪽 경계는 염해의 끝

❷ 제비 뽑아서

❸ 헤브론, 기럇세벨

❹ 그니스의 아들 옷니엘

❺ 여부스

16장

❶ 므낫세, 에브라임

❷ 요셉의 자손이 분배받은, 즉 므낫세 지파와 에브라임 지파의 기업 경계

❸ 야곱의 축복

❹ 야곱으로부터 장자 권을 계승 받았기 때문

❺ 게셀에 거주하는 가나안 족속을 쫓아내지 아니한 것

17장

❶ 길르앗과 바산

❷ 12, 13절 / 하나님의 명령을 거역하여 가나안 주민을 쫓아내지 않은 일

❸ 가나안 족속들이 철병거를 가지고 있어서.

❹ 사실상 두 지파인데 한 지파로 취급되어 한 분깃만 갖게 된 것

❺ 스스로 개척하라

18장

❶ 실로

❷ 일곱 지파

❸ 여호와께서 너희에게 주신 땅을 점령하러 가기를 어느 때까지 지체하겠느냐

❹ 그 땅을 두루 다니며 기업을 따라 그 땅을 그려 가지고 내게로 돌아올 것

❺ 제비뽑기

19장

❶ 유다 자손의 기업 중에서

❷ 유다 자손의 기업이 인구에 비해 많았기 때문

❸ 12개 성읍

❹ 단 지파(자손)

❺ 에브라임 산지 딤낫세라

20장

❶ 부지중에 실수로 사람을 죽인 자

❷ 성읍 장로들의 귀에 자기의 사건을 말함

❸ 보복 자의 손에 내어주지 말라

❹ 게데스, 세겜, 헤브론, 베셀, 라못, 골란

21장

❶ 가나안 땅 실로

❷ 12 성읍

❸ 아론 자손

❹ 13 성읍

❺ 48 성읍

22장

❶ 르우벤, 갓, 므낫세 반 지파

❷ 마음을 다하고 성품을 다하여

❸ 제단을 쌓음

❹ 천부장들

❺ 우리와 너희와 우리 후대 사이에 증거가 되어 여호와께 받을 분깃이 없다 하지 못하게 하려고

23장

❶ 너희를 위하여 싸우신 이

❷ 여호와께서 강대한 나라들을 쫓아내셨으므로.

❸ 한 사람이 천명을 쫓음

❹ 그 땅에서 쫓아내시며 멸하심

24장

❶ 세겜

❷ 이스라엘의 하나님 여호와

❸ 강 저쪽과 애굽에서 섬기던 신들을 치워버리고 여호와만 섬기라

❹ 오직 나와 내 집은 여호와만 섬기겠노라.

❺ 재앙을 내리시고 멸하심

사사기 모범답안지

1장

❶ 유다

❷ 하나님이 내가 행한 대로 갚으심이로다

❸ 그의 형제 시므온

❹ 철 병거가 있으므로

❺ 벧세메스 주민과 벧아낫 주민

2장

❶ 그들이 너희 옆구리의 가시가 되며 그 신들이 너희의 올무가 되리라

❷ 여호수아와 하나님의 큰일을 본 자들이 사는 날 동안

❸ 백십 세

❹ 여호와를 버리고 바알과 아스다롯을 섬겼기에

❺ 사사들을 세우심

3장

❶ 조상들에게 이르신 명령을 순종하는지 알고자

❷ 메소보다미아 왕 구산 리사다임의 손에 파심

❸ 그나스의 아들 옷니엘

❹ 게라의 아들 에훗

❺ 소 모는 막대기

4장

❶ 20년 동안 학대함

❷ 구백 대

❸ 아미노암의 아들 바락

❹ 겐 사람 헤벨의 아내 야엘의 장막

❺ 관자놀이에 장막 말뚝이 박혀 죽음

5장

❶ 여호와를 찬양하라

❷ 스불론, 납달리

❸ 르우벤, 단, 아셀

❹ 이스라엘을 도와서 가나안 군대 장관 시스라를 죽였기 때문

❺ 해가 힘 있게 돋음 같게 하소서

6장

❶ 이스라엘 자손이 또 여호와의 목전에 악을 행하였으므로

❷ 여호와께 부르짖었더라.

❸ 아모리 사람의 신을 두려워하지 말라 하였으나 불순종함

❹ 표징

❺ 종교개혁, 우상을 제거함

7장

❶ 이스라엘이 나를 거슬러 스스로 자랑하기를 내 손이 나를 구원하였다 할까봐

❷ 삼백 명

❸ 나팔과 빈 항아리(횃불)

❹ 온 진영에서 자기들끼리 칼로 치게 하시므로 도망하게 함

❺ 나팔, 항아리, 횃불

8장

❶ 에브라임

❷ 세바와 살문나를 아직 잡지 않았다.

❸ 들 가시와 찔레로 너희 살을 찢으리라. 망대를 헐리라

❹ 여호와께서 살아계심을 두고 맹세하노니 너희가 만일 그들을 살렸더라면 나도 너희를 죽이지 아니하였으리라

❺ 금 에봇을 만드는데 사용됨.

9장

❶ 바알브릿 신전 수입에서 은 칠십 개를 줌. 그 돈으로 경박한 사람을 고용함

❷ 돈으로 매수한 경박한 사람들을 이끌고 아버지 고향 오브라로 가서 형제 70명을 한 바위 위에서 죽이고, 세겜의 모든 사람과 밀로 모든 족속이 모여 세겜의 상수리나무 아래서 왕으로 삼음

❸ 가시나무
❹ 여인의 손

10장

❶ 23년
❷ 아들 삼십 명, 어린 나귀 삼십, 성읍 삼십
❸ 바알, 아스다롯, 아람 신, 시돈 신, 모압 신, 암몬 자손의 신, 블레셋 사람의 신
❹ 블레셋과 암몬 자손의 손에
❺ 애굽, 아모리, 암몬, 블레셋, 시돈, 아말렉, 마온

11장

❶ 첩의 아들로 아버지의 기업을 얻을 수 없었고 형제들 구박을 받고 쫓겨남
❷ 암몬 자손이 쳐들어와서 이스라엘을 치려 했기 때문에
❸ 미스바에서 자기의 말을 여호와 앞에 다 고함
❹ 싸움에서 돌아올 때 집에서 제일 먼저 나와 자신을 영접한 사람을 번제물로 드리기로 함
❺ 여호와를 향하여 입을 열었기 때문에

12장

❶ 입다가 암몬 자손과 싸울 때 자신들에게 싸울 기회를 주지 않음을 불평함
❷ 에브라임 자손이 입다의 구원요청을 거절하여 입다가 목숨을 걸고 싸워야 했음
❸ 에브라임 사람들이 자신들의 잘못을 반성하지 않고 길르앗 사람들을 무시하는 말을 했기 때문에
❹ 길르앗과 에브라임 사람들 사이의 발음 차이를 이용하였다.
❺ 입산, 엘론, 압돈

13장

❶ 이스라엘이 여호와의 목전에 악을 행했기 때문에
❷ 태어날 아이가 태에서부터 죽을 때까지 하나님께 바쳐진 나실인이기 때문에
❸ 낳을 아이에게 어떻게 행할지 가르침을 받기 위해서
❹ 불꽃이 제단에서부터 하늘로 올라가는 동시에 여호와의 사자가 제단 불꽃에 휩싸여 올라감
❺ 여호와의 영

14장

❶ 할례받지도 않고 하나님을 섬기지도 않고, 오히려 이스라엘을 괴롭히는 블레셋 민족의 사람이기 때문

❷ 사자 / 얼마 후 죽은 사자의 몸에 벌 때와 꿀이 생기고 삼손이 그 꿀을 먹고 부모에게도 드림

❸ "먹는 자에게서 먹는 것이 나오고 강한 자에서 단것이 나왔느니라"

❹ 하나님의 영으로부터

15장

❶ 여우 300마리를 잡아 그 꼬리에 홰를 달고 불을 붙여 블레셋 사람의 곡식밭을 불태움

❷ 3,000명

❸ 여호와의 영이 삼손에게 임하여서

❹ 엔학고레

❺ 20년

16장

❶ 들릴라

❷ 머리를 밀면 힘이 사라짐
삼손은 모태부터 나실인이기 때문에 머리가 밀리면 다른 사람과 같아짐
(하나님께서 삼손의 머리에 삭도를 대지 말라고 명령하심)

❸ 두 눈을 뽑히고 감옥에서 맷돌을 돌리는 신세가 됨

❹ 여호와여 구하옵나니 나를 생각하셔서 이번만 나를 강하게 하사 나의 두 눈을 뺀 블레셋 사람에게 원수를 단번에 갚게 하옵소서

17장

❶ 2계명 (우상을 만들지도 말고 절하지도 말고 섬기지도 말라)
오직 한 곳에서만 예배드리라는 신명기의 명령도 어기고 자신의 신당 세움

❷ 에봇 : 대제사장이 입는 가슴과 등을 덮는 조끼 모양의 상의
(대제사장이 하나님의 뜻을 물을 때 주로 입었다)
드라빔 : 메소포타미아 지역의 가족 수호 신상
(라헬이 아비 라반의 집에서 훔친 것도 '드라빔'이다)

❸ 이스라엘에 왕이 없어서

❹ 제사장

❺ 이제 여호와께서 내게 복 주실 것을 아노라

18장

❶ 자신들의 기업을 구하지 않았음.

❷ 그땅 사람들이 평온하고 안전하며 부족함 없이 부를 누리는 것을 보고

❸ 새긴 신상, 에봇, 드라빔, 부어 만든 우상 / 계명을 어기는 죄이므로.

❹ 단

❺ 한 사람이 만든 우상 때문에, 지파 전체가 우상을 섬기게 됨

19장

❶ 왕

❷ 첩

❸ 행음한 여자를 다시 데려온 것

❹ 이웃을 사랑하라는 주님의 말씀

❺ 기브아 거민의 죄악상을 고발하기 위해

20장

❶ 기브아에게 보복하기 위해

❷ 전쟁에서 패했다.

❸ 자신들의 잘못을 깨닫고 철저하게 돌아오도록

❹ 자신들의 힘을 과신한 것

21장

❶ 자기의 딸들을 주지 않겠다.

❷ 사건의 원인에 대해 어느 누구도 책임지지 않고 있다는 것

❸ 측은히(긍휼히) 여기는 마음

❹ 목적이 좋으면 방법도 좋아야 한다.

❺ 하나님을 떠나 자기 소견에 좋은 대로 행하였기 때문

1장

❶ 흉년

❷ 여호와께서 고향 베들레헴에 양식을 주셨다는 소식을 들음

❸ 남편도 없고, 며느리에게 줄 아들도 없음

❹ 여호와께서 내게 벌을 내리시고 더 내리시길 원하나이다.

❺ 보리 추수

2장

❶ 양식 구하러 가는 것을

❷ 보아스

❸ 일군들을 축복

❹ 자기 밭에서 이삭을 줍게 함
물과 떡과 볶은 곡식을 주고 이삭을 흘려 줍게 함

❺ 히브리어 '고엘' '잃은 것을 회복시켜 주는 자' '친족' '구속자'라는 의미다.
*친척이 재산을 잃었을 경우 소유권을 회복시켜 주는 자, 자식을 낳지 못한 미망인을 아내로 삼아 자식을 낳아 죽은 자의 대를 잇게 해주는 자를 가리키기도 함.
*룻기에서 '기업 무를 자'는 나오미가 소유했던 토지나 혹은 며느리 룻의 소유로 남아 있는 땅을 매입할 수 있는 우선권을 가지고 있었으며, 또한 룻을 취하여 엘리멜렉의 대를 잇게 해야 하는 우선권을 가진 자를 뜻함

3장

❶ 청혼

❷ 시어머니 뜻에 순종

❸ 당신이 기업을 무를 자입니다.

❹ 새벽까지 누워있게 하고, 보리를 여섯 번 되어주어 빈손으로 가지 않게 함

❺ 사건이 어떻게 될지 알기까지 앉아 있으라.

4장

❶ 죽은 자의 아내 모압 여인 룻에게서 사서 그 죽은 자의 기업을
그의 이름으로 세워야 한다.

❷ 신을 벗음

❸ 나오미에게서 산일에 증인,

룻을 사서 그 죽은 자의 기업이 끊어지지 않게 하겠다.

❹ 룻을 이스라엘의 집을 세운 라헬과 레아 두 사람과 같게 하시고,

에브랏에서 유력한 자, 베들레헴에서 유명하게 되길 축복

❺ 오벳, 다윗

성경대탐험 교재는
성도들을 참 그리스도인으로
세워가는 말씀 훈련 교재입니다.

하나님의 감동으로 기록된 성경 말씀만이
사람을 교훈하고, 책망하며, 바르게 하고,
의로 행하게 하여 영원한 생명으로 인도하는
가장 위대한 책이기 때문입니다.

성경이 이끌어 가는 목회지침서

성경대탐험 구약 ⑤권

여호수아·사사기·룻기

초판 1쇄 인쇄 2025년 8월 30일

지은이 배국순
발행인 김용성
기획·편집 출판사역팀
디자인 새한기획
제 작 정준용
보 급 이대성

펴낸곳 요단출판사
등 록 1973.8.23. 제13-10호
주 소 07238) 서울특별시 영등포구 국회대로 76길 10
기 획 (02)2643-9155
보 급 (02)2643-7290 Fax(02)2643-1877
요단기독교서적 교회용품센터 (02)593-8715
대전침례회서관 (042)256-2109

값 12,000원

ISBN 978-89-350-2010-2 04230
978-89-350-0001-2 (세트)

- **세미나 문의 및 후원 :**
  - 성경대탐험 바이블 연구원(010-4118-6610)
  - 카카오톡 오픈 채팅 : BBB 성경대탐험 (pw: 0691)
  - 교회진흥원 교회사역팀 (02-2643-7390)